Manfred Hanglberger

Die Geburt des ICH
Wie die Seele „zur Welt kommt"

Topos^{plus} Taschenbücher

Topos plus **Verlagsgemeinschaft**

Butzon & Bercker, Kevelaer | Don Bosco, München | Echter, Würzburg
Lahn-Verlag, Limburg | Matthias-Grünewald-Verlag, Mainz
Paulusverlag, Freiburg Schweiz | Friedrich Pustet, Regensburg
Styria, Graz Wien Köln | Tyrolia, Innsbruck Wien

Die Deutsche Bibliothek – CIP-Einheitsaufnahme
Ein Titeldatensatz für diese Publikation
ist bei Der Deutschen Bibliothek erhältlich

2. Auflage 2003
© 2000 Verlag Friedrich Pustet, Regensburg

Einband- und Reihengestaltung:
home.made designarbeit, Essen
Herstellung: Pustet, Regensburg
Printed in Germany

Topos^{plus} - Bestellnummer: **3-7867-8354-3**

Inhaltsverzeichnis

Vorwort

Ziel dieses Buches ist es zu helfen, die „seelischen Hausaufgaben", die sich aus der eigenen Lebensgeschichte und aus den je besonderen Verstrickungen und Belastungen der Herkunftsfamilie ergeben, zu erkennen und diese seelischen Hausaufgaben auch zu lösen. Es geht darum, sichtbar zu machen, dass jeder Mensch auch „seelische Arbeit" zu leisten hat. In den Initiationsriten archaischer Kulturen war dies selbstverständlich. Die seelische Arbeit in der christlich abendländischen Kultur war dagegen Jahrhunderte lang zu einem Kult erstarrt, der für Großgruppen eine religiöse und moralische Orientierung bot, aber auf Kosten der Originalität des Einzelnen ging. Die moderne Industriekultur hat „Arbeit" in extremer Form in Leistungszwänge gepresst und dabei das Sichtbare und Vorzeigbare alleine als Wertmaßstab eingeführt. Seelische Energien und Stimmungen, wie z. B. Trauer, Angst oder Zorn, die die äußere Leistungsfähigkeit kurzfristig nicht förderten, wurden abgewertet und bekämpft; man versuchte, sie zu eliminieren.

Inzwischen weiß man, dass alle seelischen Energien als Signale und Botschaften wichtig und wertvoll sind, da sie helfen, die eigene Originalität, das eigene Wesen, den eigenen Lebenssinn zu erkennen und situationsbezogen menschlich wertvoll zu handeln. Dafür aber ist seelische Arbeit zu leisten.

Die Notwendigkeit seelischer Arbeit wird in diesem Buch in einer Vielzahl menschlicher Konflikt- und Belastungssituationen aufgezeigt. Es werden die wesentlichen Energieströme der menschlichen Seele sichtbar gemacht und es wird aufgedeckt, wie sich Blockaden und Verhärtungen dieser Energieströme auflösen lassen.

So ist dieses Buch ein seelischer Werkzeugkasten oder vielleicht besser ein seelischer Hebammen-Koffer, der jedem, der es liest, helfen wird, Verkümmerungen seiner Seele zu heilen und verdrängte Seelenanteile zur Welt kommen zu lassen. Für Eltern bringt es notwendige Informationen und Hilfen, damit sich ihre Kinder seelisch gesund entwickeln können.

Auch Eltern, deren Kinder schon erwachsen sind, können durch den rechten Umgang mit ihren eigenen seelischen Bedürfnissen ihren Söhnen und Töchtern und deren Familien seelische Nahrung und seelische Entlastung zukommen lassen.

Die hier dargestellte Sicht ist das Ergebnis jahrzehntelanger seelsorglicher Beobachtung, familientherapeutischer Erfahrung und eines Systematisierungsversuches, in dem soziologische und naturwissenschaftliche Grunderkenntnisse unserer Zeit mit spirituellen Erfahrungen und emotionalen Dynamiken in Zusammenhang gebracht werden. Besondere Impulse für die Erweiterung des Horizonts meiner Wahrnehmung erhielt ich durch die Arbeit von Bert Hellinger.

Herzlichen Dank sagen möchte ich meiner Haushälterin, Doris Bäuml, die alle Schreibarbeiten für dieses Buch erledigte, ebenso dem Lektor des Pustet-Verlages, Herrn Dr. Rudolf Zwank, der mit großem Engagement und konstruktiver Begleitung die Veröffentlichung ermöglicht hat.

Dieses Buch will ein Beitrag für das neue Jahrtausend sein, um den Menschen neu sehen und neu verstehen zu lernen, um liebevoller, achtungsvoller und sinnvoller mit sich und den Mitmenschen umzugehen.

The Five Freedoms	Die Fünf Freiheiten
To See and Hear what is here instead of what should be, was, or will be.	Die Freiheit zu sehen und zu hören, was ist, statt was sein sollte, was war oder sein wird.
To Say what one feels and thinks instead of what one should.	Die Freiheit zu sagen was man fühlt und denkt, statt was man fühlen und denken sollte.
To Feel what one feels instead of what one ought.	Die Freiheit zu fühlen, was man fühlt, statt was man fühlen sollte.
To Ask for what one wants instead of always waiting for permission.	Die Freiheit zu erbitten, was man will, statt immer auf Erlaubnis zu warten.
To Take Risks in one's own behalf instead of choosing to be only „secure" and not rocking the boat.	Die Freiheit, Risiken auf sich zu nehmen für die eigenen Belange statt nur auf „Nummer sicher" zu gehen und nicht mit dem Boot abzustoßen.
Virginia Satyr	

I. ASPEKTE UND DIMENSIONEN DES ICH

1. Das „Ich"-Bewusstsein

Das „Ich" des Menschen gehört seit Jahrtausenden zu den staunenswertesten Phänomenen und führte zu den größten geistigen Suchbewegungen der Menschheit. Auch heute, im Zeitalter hoch entwickelter naturwissenschaftlicher und psychologischer Forschung, gehört es immer noch zu den geheimnisvollsten Erscheinungsformen des Daseins, was umso mehr herausfordert, als es sich dabei um das Selbstverständnis des Menschen, um seine Selbstwahrnehmungsfähigkeit und seine Wertempfindungen handelt. Der Mensch selbst mit seinem Wesen und seiner Sinnfrage steht hier unmittelbar zur Debatte.

2. Einzigkeit und Originalität

Ein Wesenszug des menschlichen Ichs ist die Fähigkeit, sich von allen anderen Dingen und Personen in der Eigenart und inneren Einheit des eigenen Daseins klar zu unterscheiden. Das Ich erlebt sich als „einzig", als Original in einer unendlichen Fülle es umgebender anderer Kreaturen.

Das Ich muss sich in seiner Originalität und Einzigartigkeit selbst entdecken und diese auch nach außen zeigen und zur Entfaltung bringen können; es will sich also unterscheiden von anderen, anders sein, einzig, „eigen", etwas Besonderes sein. Das persönliche Entdecken der eigenen Originalität enthält auch das Bedürfnis wahrgenommen zu werden und „im Anderssein geachtet zu sein".

3. Fähigkeit zu Staunen

Das Ich ist auch die Fähigkeit, das Dasein als „frag-würdig"
und als staunenswert zu empfinden. Staunen und Fragen,
nicht nur über einzelne Ereignisse und Phänomene im
Leben, sondern über das Dasein grundsätzlich, gehört zu
den wesentlichen Aspekten des Ich.

4. Außen- und Innenwelt-Unterscheidung

Eine weitere Fähigkeit und Struktureigenschaft des Ich ist
die Unterscheidung zwischen Innen- und Außenwelt. Die
Welt der inneren Bilder, Gefühle und Gedanken ist zwar oft
angestoßen und geprägt von den Bildern und Ereignissen
der Außenwelt, entwickelt aber im Inneren des Menschen
eine eigene „seelische" Wirklichkeit. Die Innenwelt eines
Menschen ist nur zum Teil von außen her wahrnehmbar,
und wie sie sich äußert, ist oft vieldeutig und ruft Interpre-
tationsversuche und damit auch Missverständnisse hervor.
Eine wichtige und oft sehr schwierige Aufgabe des Ichs besteht darin, die Außenwelt und die Innenwelt in einem
lebendigen Dialog miteinander zu verbinden und weder die
Außen- noch die Innenwelt abzuwerten.

Das Haus der Seele hat viele Türen und Fenster. In der gesunden Ordnung dieses Hauses dürfen die Türen nur innen
„Klinken" zum Öffnen haben, nicht außen. Von außen ist es
wichtig, dass die Möglichkeit besteht anzuklopfen, aber
nicht beliebig zu öffnen. Diese Türen stehen aber in der
frühen Kindheit weit offen. Erst langsam lernt das Kind in
der Entwicklung seines Ichs, diese Türen wahrzunehmen,
sie zu schließen und sie zur rechten Zeit wieder zu öffnen
und dabei die eigene Souveränität über seine seelischen
Türen zu erringen.

5. Die Leiblichkeit

Das Ich wohnt nicht wie ein Gespenst im Haus des Körpers, sondern drückt sich in jedem Augenblick im und durch den Körper aus, findet wesentlich auch durch den Körper zu sich selbst und ist mit dem Körper sowohl eins wie auch von ihm unterscheidbar. Lebenssinn-Erfahrungen haben oft damit zu tun, dass die Individualität des Ichs sich verleiblichen kann und dadurch für sich und andere sinnlich wahrnehmbar, auf die Sinne wirkend, „wirk"-lich wird.

Die ganze Lebensgeschichte der Ich-Entwicklung, die Geschichte des eigenen „Selbstbewusstseins" und die Erschütterungen durch Schicksalsschläge und andere dramatischen Erfahrung kann sich in der Mimik des Gesichtes, in der Körperhaltung, aber auch in der Erkrankung einzelner Organe, wie auch des gesamten Körpers ausdrücken. Auch wenn diese Verleiblichung für uns größtenteils unbewusst geschieht, bietet sie für unsere bewusste Wahrnehmungsfähigkeit doch einen wichtigen Weg, uns selbst und die unbewussten Dimensionen unseres Ichs besser zu erkennen.

6. Die Vielfalt der Verkörperlichungen

Das Ich zeigt sich nicht nur in der Leiblichkeit des menschlichen Körpers, sondern findet über den Leib zu vielfältigen Verkörperlichungen in der Außenwelt, z.B. in der Musik, wenn über ein Instrument die musikalischen Töne erzeugt werden, die in der Gestalt von Schallwellen emotionalen Energien eine gewisse eigene Wirklichkeit in der Außenwelt verleihen. Ob Kochkunst oder Malerei, ob Literatur oder die Formulierung und politische Durchsetzung von Menschenrechten, aber auch bei so alltäglichen Verhaltensweisen wie Schimpfen über unangenehme Arbeitsverhältnisse, das

Vor-sich-hin-Trällern eines Liedes oder die Formen der Höflichkeit: es handelt sich immer auch um Verkörperlichungen der Energien des Ich.

7. Das Vernetzt-Sein

Das Ich des Menschen und damit seine Seele existiert nicht nur in ihm selbst und in den Formen seiner Verkörperlichungen, sondern bedarf auch eines besonderen seelischen Raumes in den Gedanken und Gefühlen der Mitmenschen, mit denen man durch familiäre oder freundschaftliche Beziehungen verbunden ist. Dieses wechselseitige seelische Wohnung-nehmen entwickelt sich vor allem durch Liebe, durch gegenseitiges Mitgefühl und geistige Anteilnahme, wenn wir uns für das Leben des anderen ernsthaft interessieren. Über solche Vertrauensbeziehungen hinaus gibt es auch in beruflichen, sportlichen, politischen und in vielen anderen Gemeinschaften, die eine gewisse zeitliche Stabilität und regelmäßiges Beisammensein ermöglichen, eine wechselseitige Beeinflussung und damit eine Art gegenseitige seelisch-geistige Vernetzung. So existiert jeder nicht nur in sich selbst, sondern auch in der Gedanken- und Gefühlswelt, also im Ich von anderen. Die Qualität dieser „Filial-Wohnungen" unseres Ichs prägt wesentlich unser Selbstbewusstsein und unser Glücksempfinden.

8. Zeit- und Raum-übergreifendes Bewusstsein

Das Ich-Bewusstsein des Menschen ist immer ein Gegenwartsbewusstsein, eine Art „Zeit-Punkt" auf der Zeitlinie. In diesem Punkt des Augenblicks ist aber die Vergangenheit eines Menschen, seine ganze Lebensgeschichte auf die Gegenwart projiziert und auch die Zukunft ist in Form von Hoffnungen, Sehnsüchten, Planungen usw. in der Gegenwart des Ich-Bewusstseins ein Stück vorhanden.

Es können Gefühlsenergien, die Jahre und Jahrzehnte zurückliegen, in der Gegenwart wieder auftauchen und sich ausdrücken. Das Gegenwarts-Ich trägt seine ganze Geschichte, die lange zeitliche Erstreckung der Vergangenheit in der Form der vorhandenen „Ich-Komposition" in sich.

Räumlich betrachtet kann ein Mensch, der weit entfernt von uns lebt, durch Erinnerungen, wie auch durch briefliche oder telefonische Kontakte eine starke innere Wirkung auf uns haben. Ja auch Verstorbene oder historische Persönlichkeiten, deren Lebenszeit Jahrhunderte zurückliegt, können mit ihren seelischen Energien eine erstaunliche Wirkung auf Personen der Gegenwart ausüben. Wenn man sich mit ihrem Leben intensiv beschäftigt, können sie das Selbstverständnis, also das Ich von Menschen heute mitprägen. Wie wir uns also selbst in der Gegenwart erleben, kann von Impulsen aus räumlich und zeitlich fernliegenden Quellen gespeist sein.

9. Der seelische Raum

Wir erleben unsere inneren Bilder, Gefühle und Vorstellungen wie einen inneren Raum, der Ähnlichkeiten mit dem äußeren dreidimensionalen Raum hat. Das liegt wohl an der Erfahrung von Träumen, auch von Tagträumen, in denen wir die Ereignisse der alltäglichen Außenwelt oft innerlich nochmals „durchgehen" und nachspielen, um sie besser verarbeiten zu können. Aber auch einzelne Gefühlsenergien wie Trauer oder Zorn können wir manchmal zuerst nur in einem bestimmten Körperbereich wahrnehmen und dann spüren, wie sich ein solches Gefühl im gesamten Körper ausbreitet. Da der Körper selbst eine räumliche Wirklichkeit darstellt, ist es wohl selbstverständlich, dass über die leibliche Dimension das Ichs auch als Raum erlebt werden kann.

Für wichtige Gefühle wie Angst und Glück ist die Raumerfahrung, also die innere Enge bzw. Weite oft sehr charakteristisch. Wenig Raum haben, uns eingeengt erleben, empfinden wir meist als Angst und Bedrohung, Weite dagegen als Freiheit, Gelassenheit oder als Entspannung. Aber innere Weite kann u. U. auch als innere Leere, Verlassenheit und Einsamkeit erlebt werden, wie es z. B. manche Menschen in der Trauer erfahren.

Inwieweit der seelische Raum vom Ich wahrgenommen, genutzt und beansprucht wird, ist entscheidend für das Selbstbewusstsein und Selbstverständnis, für Minderwertigkeitsgefühle bzw. Selbstwertgefühle eines Menschen.

10. Identität in der Vielfalt

Der innere seelische Raum hat keine gleichförmige Struktur. Man kann ihn vergleichen mit einem großen Organismus mit vielen verschiedenen Organen, wobei die Vielfalt körperlicher Organe in der Welt der Seele mit den Gefühlen verglichen werden kann. Sie haben eine sehr unterschiedliche Struktur und Bedeutung, sind aber alle miteinander verbunden und haben füreinander wie für das Ganze jeweils eine besondere Funktion.

Das Ich hat je nach dem Echo aus der gesellschaftlichen Umwelt Schwierigkeiten, die Gegensätzlichkeit und Unterschiedlichkeit der Gefühle zu akzeptieren, zu sich dazu gehörig zu verstehen und sie als solche zu bejahen. Viele alte Wertvorstellungen in den Familien, in der Gesellschaft und vor allem in der Religion haben dazu geführt, dass manche Gefühle abgewertet, zum Teil verteufelt und deshalb bekämpft, unterdrückt und verdrängt worden sind. Gleichzeitig gibt es aber das fundamentale Bedürfnis der Seele, sich selbst mit dieser inneren Vielfalt als Einheit zu verstehen.

11. Das Unbewusste

Eine der wichtigsten Erkenntnisse der Menschheit war vor gut hundert Jahren die Entdeckung des Unbewussten. Es gibt in unserer Seele Kräfte, die unser Verhalten, unsere Wahrnehmung, auch unsere Gefühle und Gedanken entscheidend beeinflussen können, ohne dass unser Bewusstsein diese Kräfte direkt empfindet, sie also nicht bewusst wahrnehmen kann, von ihrer Existenz also gewöhnlich gar nichts weiß. Die ganze bisherige Geschichte des eigenen Lebens ist in der Gegenwart wirksam. „Bewusst" haben wir aber davon nur wenig in der Erinnerung zur Verfügung.

Das „Ich", wie es hier verstanden wird, meint nicht nur das Ich-Bewusstsein, sondern auch das Zusammenspiel mit den Kräften des Unbewussten, die das Ich entscheidend mit prägen, auch wenn diese Einflüsse also nicht bewusst wahrgenommen werden.

Wann wird etwas „unbewusst"?
– durch natürliches Vergessen;
– wenn sich etwas in sehr früher Kindheit oder noch im Mutterleib ereignet hat, also bevor wir zu unserem Bewusstsein gefunden haben;
– wenn etwas sehr schmerzhaft oder bedrohlich war und deshalb verdrängt wurde (wenn ein Elternteil stirbt, wenn man als Kind vernachlässigt oder misshandelt worden ist);
– wenn Eltern aus ihrer Gegenwart oder Vergangenheit etwas verdrängen, etwas abwerten oder nicht „wahr haben wollen" und dies dann in den unbewussten Schichten der Seele ihres Kindes landet;
– wenn ein Mitglied in einem Verwandtschaftssystem abgewertet, ausgegrenzt oder vergessen ist, kann auch dessen seelische Energie von den unbewussten Schichten der Seele eines Kindes aufgenommen werden und dort seine Wirkung entfalten.

Das Unbewusste ist das Gedächtnis der „Körperseele". Denn die Informationen, die unsere Sinne aufnehmen, werden nicht nur in das Gehirn geleitet und dort evtl. gespeichert, sondern der ganze (beseelte) Körper ist ein Wahrnehmungs- und Speicherorgan und nimmt die Daten, Eindrücke und Gefühlsimpulse auf und „merkt" sie sich.

Die Entstehung und Wirkungsweisen dieser Kräfte des Unbewussten zu erkennen, sie zu verstehen und sinnvoll damit umgehen zu lernen, ist ein entscheidendes Anliegen der Psychologie und hat den besonderen Zweig der „Tiefenpsychologie" hervorgebracht.

Das Unbewusste schläft nie, es arbeitet, es nimmt Ereignisse wahr und sendet Signale, auch wenn der Körper und das Bewusstsein im Tiefschlaf sich befinden.

In diesem Buch wird das psychoanalytische Verständnis des Unbewussten (Verdrängungen aus der Kindheit) ergänzt durch die familientherapeutische (systemische) Sicht, in der auch von der unbewussten Übernahme seelischer Energien von Seiten der Eltern und anderer Verwandter ausgegangen wird.

Im Folgenden werden die Begriffe „Ich" und „Seele" weitgehend gleichbedeutend verwendet. Denn die hier genannten „Aspekte und Dimensionen" gelten für beide Bezeichnungen, auch wenn es darüber hinaus Unterschiede gibt, fallen diese für unser Anliegen hier nicht ins Gewicht.

II. WACHSTUMS- UND REIFUNGSGESETZE DER SEELE
Bilder aus der Biologie als Gleichnisse für das Leben der Seele

Die Seele entwickelt sich und lebt im Wechselspiel mit körperlichen und geistigen Wachstums- und Veränderungsprozessen, sie hat aber auch eine eigene Dynamik, eigene Reifungsprozesse, die in diesem Buch erschlossen werden sollen.

Im Folgenden werden anhand von Gleichnissen aus der biologischen Welt wesentliche seelische Prozesse dargestellt:
– Am Phänomen des Atmens
– An der Bedeutung der Membrane für einen Einzeller
– Am Unterschied der Haut von Insekten und Säugetieren
– An der Bedeutung der Haut des Menschen

1. Außenwelt und Innenwelt verbinden: Zum Phänomen des Atmens

Das Atmen geschieht in drei Phasen:
Einatmen – Ausatmen – kurze Ruhephase

a) Einatmen – Die Außenwelt in sich aufnehmen

Das „Einatmen der Seele" über die Sinne ist vergleichbar mit dem Einatmen des Körpers: Die Sinne nehmen die vielfältigen Eindrücke der Außenwelt auf und integrieren sie in die Innenwelt. Wie ein höher entwickeltes Lebewesen die Luft

21

zum Atmen und Leben braucht, so braucht die Seele die Sinneseindrücke für ihr Leben.

Die erste Bewegung der Seele, die dem körperlichen Einatmen entspricht, ist das Sich-Öffnen für die Außenwelt. In Neugier und Interesse, im Entdecken und Kennenlernen der Welt, ob im Kindes- und Jugendalter, ob in der bewussten Anteilnahme des Erwachsenen an den Geschehnissen seiner Umwelt oder in der systematischen Forschungsarbeit eines Wissenschaftlers, immer geht es darum, die Welt über die Sinne in sich aufzunehmen, sie mit den Verstandeskräften innerlich zu ordnen, um sie zu verstehen und schließlich ihr innerlich einen emotional angemessenen Platz zu geben. Die Welt soll in uns, in unseren Bildern, Gedanken und Gefühlen aufgenommen, verwandelt und neu geboren werden, sich darin ausdrücken und widerspiegeln. Jedes Bewusstsein eines Menschen, jede Seele ist in gewisser Weise eine neue Erschaffung der äußeren Welt im Inneren.

Ängste beim „Einatmen:

Die Ängste beim „seelischen Einatmen" sind vor allem zweierlei: Einerseits die Angst, dass das Eingeatmete, die Eindrücke, die auf einen einströmen, zu vielfältig, bedrohlich, verwirrend und vergiftend sein können und andererseits, dass einem der Zugang zur Welt verschlossen bleibt, dass man seelisch verhungert, dass das Leben langweilig und eintönig wird. Das „zu viel" und das „zu wenig" erleben wir als bedrohlich, es weckt Angst. Für das „rechte Maß" braucht es Dosierungsmöglichkeiten, seelische Filter und Schutzmechanismen, die uns aber nicht immer zur Verfügung stehen. Sie zu entwickeln, gehört zu den wichtigsten seelischen Reifungsprozessen, die auch misslingen können und dann im Erwachsenenalter bewusst nachgeholt werden müssen.

b) Das Ausatmen oder: die Seele will „zur Welt kommen"

Der Mensch will mit seinem Wesen, mit seinem Ich, zur Welt kommen. Diese Geburt des Ichs hat verschiedene Teilschritte, die auch als wichtige Bedürfnisse des Ichs betrachtet werden können.

(1) Das Ich will einen Ausdruck finden

Das Ausatmen des Körpers ist vergleichbar mit dem Bedürfnis der Seele sich auszudrücken, das Innere zur Außenwelt kommen zu lassen.

Die Innenwelt der Gedanken und Gefühle will sich ausdrücken. Der körperliche Ausdruck in Form von Sprache, Schrift, Mimik usw. gibt den Gedanken und Gefühlen eine andere Wirklichkeit. Der Mensch wird dadurch nicht nur äußerlich sichtbar und real, er wird auch mit seiner Innenwelt und damit mit der Originalität seines Ichs sinnlich wahrnehmbar. Er kann sich selbst in der Außenwelt durch die Weise seines Ausdrucks wie in einem Spiegel wahrnehmen und kommt über die Außenwelt anders zu sich selber, als nur über die Gefühle, die er in sich spürt. Er gehört dann anders zur Welt dazu, als wenn er für seine Gedanken und Gefühle nur einen Platz innerhalb seines Körpers und seiner Seele hätte. Solange die Innenwelt nicht Außenwelt wird, fehlen ihr wesentliche Raum- und Zeitdimensionen. Wer aber zur Welt mit ihren Raum- und Zeitdimensionen dazu gehören will, muss sich in diesen Dimensionen ausdrücken. Das Grundbedürfnis, das den Ausdruck des Inneren vorantreibt, ist das Bedürfnis zur Welt dazu zu gehören, raumzeitlich zu existieren.

Finden wir keinen Weg, starke Freude, schmerzhafte Trauer, heftige Wut zum Ausdruck zu bringen, weil es dafür in unserer Umgebung kein Verständnis zu geben scheint, dann wird es uns innerlich zu eng. Hat die Außenwelt scheinbar oder tatsächlich keinen Platz für das, was uns innerlich bewegt, erscheint auch der innere Raum beängstigend eng und klein. Wir bekommen seelische „Atemnot".

Dabei ist es *zunächst* noch nicht entscheidend, dass die „Äußerungen" von anderen wahrgenommen werden. Es gibt Künstler, die stapeln ihre Kunstwerke nur in der eigenen Wohnung. Sie zeigen kein Interesse, ihre Bilder oder Skulpturen anderen Menschen zugänglich zu machen; es reicht ihnen, wenn sie sich selber darin wiederfinden. Oder ein einsamer Wanderer summt oder pfeift ein Lied vor sich hin, ohne damit zu rechnen, dass jemand ihn hört. Oder ein junger Mensch lehnt sich an einen großen Baum in der freien Natur und weint sich seinen Liebeskummer von der Seele.

Es ist für das Bedürfnis, seelisch „zur Welt zu kommen", also nicht immer notwendig, von anderen Menschen wahrgenommen zu werden. Manchmal genügt es, sich der natürlichen, nicht-menschlichen Umwelt anvertrauen zu können. Manche glauben, dabei von den „Seelen der Dinge" vernommen zu werden oder zu einer im Schweigen sprechenden Welt-Seele dazuzugehören oder durch die „Sakramentalität der Schöpfung" den Trost und die Liebe Gottes erfahren zu können.

(2) Wahrgenommen werden

Der zweite Schritt durch den die Seele zur Welt kommen will, ereignet sich, wenn man von anderen Menschen wahrgenommen wird und zwar nicht nur äußerlich, sondern mit seinem seelisch-persönlichen Ausdruck.

Dies entspricht dem Bedürfnis, nicht nur in seinem äußeren Dasein beachtet zu werden, sondern auch mit dem, was man aus seiner Gefühls- und Gedankenwelt an die Öffentlichkeit trägt. Dieses Bedürfnis kann so stark sein, dass jemand ein provozierendes, ja sogar ein verletzendes und zerstörerisches Verhalten an den Tag legt, nur um aufzufallen und wahrgenommen zu werden. *Be*achtet zu werden ist manchen Menschen bei entsprechenden seelischen Spannungen wichtiger als *geachtet* zu werden.

Ein verhaltensauffälliger Schüler in der Schulklasse kann ein Problem aus seiner Familie signalisieren, mit dem man dort zur Zeit nicht fertig wird oder es gar nicht zur Kenntnis nimmt. Manche krasse Fehlverhaltensweisen wollen nur ein aufrüttelndes Signal sein, dass wichtige seelische Reifungsprozesse blockiert sind. Das Bedürfnis wahrgenommen zu werden ist manchmal stärker als das Bedürfnis geachtet oder geliebt zu werden. Denn überhaupt nicht wahrgenommen zu werden, ist für solche Menschen die schlimmste Form der Verachtung oder der Einsamkeit.

Auch hinter manchem kriminellen Verhalten oder Verbrechen kann dieses fundamentale Bedürfnis stehen, einfach wahrgenommen zu werden. Wenigstens in den Augen und Ohren und in den Gedanken anderer Menschen will man bei diesem seelischen Geburtsschritt einen Platz beanspruchen. Es ist oft ein Raum-Beanspruchen in der Welt. Es ist ein anderes Dazugehören-Wollen als nur in einem anonymen Ausdruck wie im ersten Schritt.

(3) Geachtet werden

Im nächsten seelischen Geburtsschritt erwarten wir, dass andere uns und dem, was wir zum Ausdruck bringen, bewusst einen Platz in dieser Welt zugestehen, dass sie nicht mit Empörung und Entrüstung auf das reagieren, was wir aus unserem Inneren zeigen. Wir erwarten Achtung, also Toleranz und ein Stück Verständnis für das, was wir unserem Wesen entsprechend zur Welt kommen lassen. Wir hoffen, dass es einen Raum zum Existieren bekommt, auch wenn es von den Mitmenschen nicht immer mitgefühlt und verstanden werden kann.

(4) Andere innerlich erreichen

Der nächste Schritt führt tiefer in die seelischen Schichten der Mitmenschen. Es ist die Hoffnung, dass das, was ich zum Ausdruck bringe, einen anderen innerlich „berührt" und „bewegt". Nicht nur toleriert und geachtet zu werden, sondern andere Menschen innerlich erreichen wollen, das bedeutet, dass man nicht nur rational, sondern auch emotional wahrgenommen wird und dass man mit seinem Wesen eine bestimmte persönliche Bedeutung und innerlich verändernde Wirkung auf einen anderen Menschen bekommt. Mit den eigenen Wirkungen in dieser Weise auf einen anderen Menschen Einfluss zu nehmen heißt, nicht nur in einer äußeren raum-zeit-bestimmten Welt zu existieren, sondern auch in der Innenwelt eines anderen Menschen „wirk"-lich zu sein. Es geht also um eine neue Dimension des Dazugehörens zur Welt, die nicht nur raum-zeitliche Außenwelt ist, sondern auch eine seelische Innenwelt der Mitmenschen. Wir wollen im seelischen Raum eines anderen einen Ort des Mitgefühls und der Solidarität bekommen.

Dies ist ein wichtiger Schritt für den Aufbau von Vertrauensbeziehungen: einander innerlich einen guten Platz zu geben. D. h. was andere von mir mitbekommen, wird nicht abgewertet und verachtet, ja auch dort, wo es Ärger und Konflikte gibt, bleibt das Bemühen um Verstehen und ein Vorschuss an Wertschätzung erhalten. Dies ist ein wesentlicher Aspekt der Entfaltung des menschlichen Ichs, dass es durch Vertrauen und Freundschaft hinein geboren wird in das Leben, Denken und Fühlen eines Mitmenschen.

(5) Wiedergeboren werden durch einen Mitmenschen

Eine zusätzliche Weise, zur Welt zu kommen, läuft über den seelischen Ausdruck eines anderen Menschen, wenn er damit gleichzeitig auf seine Weise etwas ausdrückt, wofür er von mir Anregungen bekommen hat. Vielleicht hat er im Kontakt mit mir etwas neu verstanden, oder konnte sein

Wissen erweitern oder beginnt aus dem Mitgefühl mit mir praktische Konsequenzen zu ziehen. Zum Beispiel können Eltern bei ihren Kindern erleben, wie sie aus dem, was sie von den Eltern bekommen haben, ihr Leben sinnvoll gestalten und die erhaltene Liebe an die eigenen Kinder weitergeben. Aber auch Ehepartner und gute Freunde übernehmen oft Gedanken und seelische Energien voneinander und bringen diese in einer neuen Weise zum Ausdruck. Es gehört zu den Grundbedürfnissen des Ichs, auf diese Weise „wiedergeboren" zu werden, nicht nur in die Seele eines lieben Mitmenschen hinein, sondern es will durch diesen Mitmenschen in einer verwandelten Weise noch einmal zur Welt kommen.

(6) Vertrauensbeziehung aufbauen

Wir empfinden es als besonders wertvoll, wenn wir ein Echo bekommen für das, was wir einem anderen Menschen bedeuten, wenn er uns mitteilt, welche Gefühle und Gedanken er für uns hat oder was er für sein Leben oder für bestimmte Probleme von uns gelernt bzw. als hilfreich empfunden hat. Wenn solche Rückmeldungen und ein solcher seelischer Austausch stattfinden, können sich lebendige Beziehungen des Vertrauens und der Freundschaft entwickeln, gibt es unter Umständen langfristige Beziehungen der Verbundenheit und umfassender Solidarität miteinander. Dadurch entsteht ein wechselseitiges Ineinander-Vernetztsein, dadurch erlebt der Mensch sich nicht nur existierend in sich selber oder nur in den materiellen Ausdrücken seines Wesens in der raum-zeitlichen Außenwelt, sondern er existiert auch ein Stück als Teil des Lebens anderer und nimmt teil am Leben anderer.

So entsteht etwas Neues: das, was die Menschen innerlich miteinander verbindet. Keiner existiert isoliert mit seinem eigenen Ich, sondern in jedem Ich schwingen die Ichs seiner Eltern, seiner Geschwister und Freunde mit. Aber nicht nur schöne und wertvolle Erfahrung haben diese verbindende

Wirkung, auch schlimme, verletzende und belastende Erfahrungen verketten die Menschen innerlich miteinander. Besonders verdrängte Wut- und Zorngefühle schaffen eine lähmende Verstrickung.

Die Ängste beim „Ausatmen":
Die Ängste bei diesen seelischen Geburtsvorgängen sind vielfältig:

Einerseits gibt es die Angst, dass ich, was mich innerlich bewegt, nicht so ausdrücken kann, dass ich mich darin wiederfinde, dass es kein gültiger Ausdruck meines Inneren sein könnte.

Dann gibt es die Angst, dass das, was ich ausdrücke, auf keine Anteilnahme und Beachtung stößt und die manchmal erhebliche Anstrengung, etwas mitzuteilen, ins Leere läuft.

Die größte Angst aber besteht wohl darin, dass das Mitgeteilte bei Mitmenschen auf Unverständnis, auf Abwertung oder gar Verachtung stößt; dass es also in Gedanken und Gefühlen anderer Menschen keinen guten Platz bekommt, sondern ausgestoßen oder geistig zerstückelt wird.

Die Angst vor solchem abwertendem Denken oder gar Reden der Mitmenschen ist für viele so groß, dass sie wie ein seelisches Gefängnis wirkt, in das sie sich mit ihrer Innenwelt eingesperrt erleben und keinen „Ausweg" finden.

c) Die Seele muss in sich verweilen können
Oder: auch die Seele braucht ihren Sonntag

Die dritte Bewegung des Atmens besteht in einer kurzen Ruhepause zwischen Ausatmen und Einatmen. Und auch dies hat eine Entsprechung im seelischen Leben. Wir können nicht ständig aufnehmen, Informationen verarbeiten, Neues zur Kenntnis nehmen oder aber ständig kreativ sein und neue Weisen des Ausdrucks für unser seelisch-geistiges Leben produzieren. Wir brauchen auch die innere Entspannung, ein inneres Leer-sein-können, ein inneres zweckloses Bei-uns-verweilen-können. Wir brauchen Stunden der Muße, in denen wir spüren, dass wir es gut in uns selber aushalten, dass wir in Ruhe und ohne Angst und Anspannung das zulassen und innerlich anschauen können, was da alles in uns auftaucht und wieder geht, was an Bildern, Gedanken und Gefühlen aufsteigt und sich wieder verabschiedet. Dabei ist besonders wichtig, dass wir nichts bewerten oder gar verteufeln, was in uns lebendig ist, sondern alles da sein darf, alles zu uns dazugehören darf, dass wir es als Teil unseres Wesens akzeptieren.

Wenn das Atmen der Seele den gesunden Rhythmus verlässt, gibt es seelische Blockaden, Belastungen und Verkümmerungen.

2. Die Bedeutung der Membrane für einen Einzeller

Oder: auch die Seele braucht eine Haut

Auch die Zellmembran eines Einzellers, die Haut, die die Zelle umgibt und das Innenleben der Zelle von einer ganz anders gearteten Umgebung trennt, ist ein Gleichnis für das Leben der Seele. Auch sie braucht eine Art seelische Haut. Die Membran einer Zelle muss porös und damit durchlässig genug sein, um Nahrung von der Umgebung aufzunehmen, aber sie muss gleichzeitig wie ein Filter wirken, der verhindert, dass das Innenleben von außen her überflutet oder von gefährlichen Stoffen vergiftet wird. Eine biologische Zelle hat ein ähnliches Problem wie die Seele: zwischen Nahrung und Gefährlichem zu unterscheiden, aufnahmefähig zu sein für das, was einen umgibt, und Schutzmechanismen zu entwickeln für das, was einem zu viel wird oder sinnlos belastet.

Das Innenleben einer Zelle kann vieles verarbeiten und der eigenen Lebensordnung anpassen, es also integrieren. Aber viele Gesetze des Lebens in einer Zelle sind anders als die Gesetze der Wirklichkeit außerhalb von ihr. Und auch eine Zelle kann nicht nur aufnehmen und verarbeiten, sie muss auch wieder abgeben und loslassen können, sonst wird der Raum in ihr zu eng.

Ähnlich braucht auch der Mensch für seine Seele Zeiten offener und interessierter Aufnahmebereitschaft, braucht Zeiten innerer Verarbeitung, und er braucht Zeiten, in denen er ausdrückt und anderen mitteilt, was ihn innerlich beschäftigt, was ihn äußerlich beeindruckt hat, was ihn gefühlsmäßig stark bewegt.

Aber es gibt nicht wenige Menschen, bei denen die seelische Membran entweder zu dicht oder zu durchlässig ist. Die einen sind so abgeschottet, dass sie die Welt um sich her ausblenden und Leid oder Freude ihrer Mitmenschen nicht mitempfinden können.

Andere haben einen seelischen Panzer oder einen extrem dichten seelischen Pelzmantel umhängen, weil ihnen die Welt zu gefährlich und so seelisch kalt vorkommt, dass sie ihre zarten und bedürftigen Gefühle lieber in sich verborgen halten und nie zeigen, wie es ihnen innerlich geht, aus Angst davor, dass ihre kleinen, verletzbaren „seelischen Pflänzchen" in der rauen Außenwelt schnell eingehen würden. Aber sie merken oft zu spät, dass im allzu geschützten Raum ihrer angstvollen Seele die Entfaltung ihrer inneren Kräfte auch nicht möglich ist.

Wieder andere sind so offen, so interessiert an allem, dass sie in Gefahr sind, in der Vielfalt der Informationen und Eindrücke unterzugehen; oder in der Anteilnahme mit leidenden Mitmenschen aus der Trauer und Bedrückung über das viele Leiden den eigenen inneren Halt verlieren.

Wieder andere sind so hilfsbereit, wollen überall geben, beistehen und heilen, dass sie seelisch zu verbluten drohen. Und nach einiger Zeit, wenn der erwartete Dank sich nicht so einstellt, wie erhofft, fühlen sie sich ausgebrannt, ausgenutzt und einsam.

Ein seelisch gesunder Reifungsprozess braucht die Entwicklung einer seelischen Haut, die nach außen empfindsam und nach innen durchlässig ist und gleichzeitig die nötigen Filter- und Schutzwirkungen hat.

3. Die „Haut" von Insekten und Säugetieren

Die Entwicklung einer sensiblen Haut und einer inneren Stärke

Die Haut entscheidet über Leben und Tod. Sie trennt das komplexe Gebilde des Lebens in einem Einzeller oder in einem höher entwickelten Lebewesen von einer Umgebung, die zwar lebenswichtig ist, da sie Lebensraum und Nahrung bereitstellt, die aber auch lebensbedrohlich ist.

Ob Frost oder Hitze, ob Wassermassen oder Trockenheit, ob Gifte oder Viren und Bakterien, die Gefährdungen für das komplexe Gebilde „Leben" sind fast unendlich. Die Bedeutung der Haut als Filter und Schutz wurde im vorangegangenen Kapitel beschrieben. In der Entwicklung der Lebensformen auf dieser Erde hat die Natur viele verschiedene Methoden entwickelt, eine „Haut" für das Leben zu bilden. Typische Muster dafür sind der Chitinpanzer von Insekten, aber auch die kegelförmigen Schutzpanzer der Kopffüssler oder die harte Schale der Trilobiten oder auch die heute noch existierenden Chitinhäuser der Weinbergschnecken und Schildkröten. Diese „Haut" bietet einen sehr stabilen Schutz, ist aber etwas Starres, Undurchlässiges und Unsensibles. Durch solche Chitinpanzer hindurch lassen sich kaum Gefühle mitteilen oder zum Ausdruck bringen. Die Festigkeit und Stabilität liegt bei solchen Tieren außen.

Der Übergang zur Welt der Säugetiere mit ihrer sensiblen

Haut bis hin zum Menschen mit seinen vielfältigen Möglichkeiten, durch die Mimik des Gesichtes inneres Empfinden zum Ausdruck zu bringen, geht zuerst über die Welt der Fische und Echsen, die als Wirbeltiere ein inneres Skelett entwickelt haben und damit die Stabilisierung des Gesamtkörpers nach innen verlegt haben. Die innere Stabilität kann auf äußere Härte langsam immer mehr verzichten, kann die äußeren Schutzwände weicher, flexibler, durchlässiger gestalten.

Dieser Entwicklungsweg in der Tierwelt vollzieht sich in der seelischen Welt des Menschen weiter. Wenn das Selbstvertrauen, die Selbstwertschätzung, also die innere seelische Struktur des Menschen sich stabilisiert, braucht er weniger Schutzmechanismen nach außen, kann er unbeschwerter und gelassener auf andere Menschen zugehen und konstruktiver auf Kritik von außen reagieren. Ein Mensch mit einem gesunden Selbstvertrauen hat es nicht nötig, andere Menschen zu demütigen und abzuwerten, andere zu beherrschen oder auszubeuten. Er kann Menschen neben sich in ihrer Vielfalt und Andersartigkeit gelten und leben lassen. Seine Selbstschutzreaktionen kommen aus seinem Inneren in Form differenzierter Kritik oder eines konstruktiven Protestes und in der Fähigkeit, ein klares „Nein" zu sagen gegenüber unangemessenen Erwartungen von Mitmenschen.

So wie es in der Welt der Tiere als Fortschritt zu betrachten ist, dass die äußeren Schutzmechanismen mit weniger Härte und Starrheit auskommen und durch eine innere Stabilität die Flexibilität und damit auch die Kommunikationsfähigkeit nach außen über eine weiche Haut verbessert wird, so ist es auch ein fundamentales Ziel seelischer Reife, die Mechanismen äußerer Abwehr weicher und flexibler zu gestalten, mit weniger Gewaltanwendung, mit weniger Brüskierung auszukommen und dabei die inneren Fähigkeiten der Abgrenzung und des Selbstschutzes zu entwickeln. Dies ist aber nur möglich durch eine Entwicklung und Stabilisierung der Selbstachtung und der Selbstwertschätzung. Es geht also darum, dass wir unsere seelische Haut dünner, empfindsamer, wahrnehmungsfähiger, durchlässiger und damit auch ausdrucksfähiger werden lassen und gleichzeitig den seelischen Kern fester und stabiler gestalten. Ein gesundes Selbstwertgefühl bedeutet also, ein stabiles „seelisches Skelett", das bekannte „Rückgrat", zu entwickeln und nach außen eine dünne empfindsame Haut.

4. Die Haut des Körpers als Symbol der seelischen Haut

Die Ich-Entwicklung hängt mit der Entwicklung der körperlichen und seelischen Haut zusammen. Die Bildung der unterschiedlichen Hautsensoren für den Tastsinn, für Wärme- und Kälteempfindungen, ermöglicht, den Körper gefühlsmäßig eingehüllt und geschützt zu erleben. Gleichzeitig spüren wir durch die Hauterfahrung unseren Körper begrenzt und als geschlossenes System. Je klarer diese Erfahrungen vorhanden sind, desto mehr wird der Körper mit seiner Haut zu einem Haus der Seele, zu einer Wohnung des Ichs, in der es sich geborgen weiß und unterscheiden kann zwischen außen und innen, zwischen Eigenem und Fremdem.

Der Mensch lernt in seiner körperlichen Entwicklung wichtige Öffnungen seines Körpers bewusst zu kontrollieren, wie z.B. die Mundöffnung, die Augenlider oder den Ringmuskel des Afters; so erlebt er sich in seinem Körper als Souverän und kann auch seelische Eigenständigkeit entwickeln. Auch eine gut durchgestandene Trotzphase, die von den Eltern geachtet wurde und zur Fähigkeit des Nein-Sagens geführt hat, ist wesentlich für die Entwicklung einer seelischen Haut; sie ermöglicht eine klare Unterscheidung von Ich und Du und lässt eine subjektive innere Welt von einer objektiven äußeren Welt unterscheiden.

Wenn aber ein Kind eine starke Helfer- und Stützungsrolle für ein Elternteil entwickelt hat, wagt es nicht, die Eltern mit eigenen Wünschen, Bedürfnissen und Forderungen zu konfrontieren. Vielleicht spürt es, dass die Eltern sehr viel an Belastung, an Leid und Schmerz zu tragen haben. Dann kann es sein, dass es als Kind nicht lernen konnte, sich zu wehren, wenn die Eltern sich manipulierend und bevormundend in sein Leben einmischen, wenn es schon erwachsen ist. Manchmal schlägt bei solchen Menschen die Haut durch Erkrankung Alarm, um zu signalisieren, dass es hier zu wenig Abgrenzung und Achtung gibt, dass hier Grenzen in unangemessener Weise überschritten werden. Oft tritt diese Signalwirkung der Haut in der Folgegeneration auf. D. h. Kinder signalisieren durch ihre Hautkrankheit einem Elternteil, dass eine gefährliche seelische Hautverletzung nicht ernst genommen wird.

Ein Beispiel:

Eine Tochter war gewohnt, der Mutter immer seelisch beizustehen, da diese vom Ehemann gedemütigt und ständig mit Vorwürfen und überzogenen Forderungen belastet wurde. Sie beschreibt ihre Beziehung zu ihrer Mutter so: „Wenn die Mutter weinte, weinte ich mit ihr, auch wenn ich nicht wusste, warum sie weinte. Ich wollte sie einfach mit ihren Schmerzen nie allein lassen; ich war ihr in all ihren Gefühlen sehr nahe. Das Wohlergehen der Mutter war mir wichtiger, als meine eigenen Wünsche. Die Mutter zu trösten und sie glücklich zu machen, war der wichtigste Wunsch in meinem Leben". Als die Tochter erwachsen wurde, organisierte ihr die Mutter einen Lebenspartner. Die Tochter wagte nicht zu widersprechen, denn das hatte sie noch nie getan. Sie heiratete den Mann, obwohl sie ihn nicht liebte. Sie hatte ja nie gelernt, ihre eigenen Gefühle zu spüren und ernst zu nehmen. Später mischte sich die Mutter in ihr Ehe- und Familienleben ein und hatte ständig an der Tochter etwas auszusetzen.

Der Sohn, den sie zur Welt brachte, bekam ein schlimmes Hautleiden. Die Wahrscheinlichkeit ist groß, dass er damit der Mutter zu signalisieren versuchte, dass sie ihre Haut nicht entwickelt hat, dass ihre Seele eine große offene Wunde besitzt, dass sie sich zu wenig seelisch abzugrenzen und zu schützen gelernt hat.

III. DIE BESONDERHEIT DER KINDLICHEN SEELE UND IHRE TYPISCHEN BELASTUNGEN

1. Die Bedeutung der Haut für die kindliche Seele

Das Heranwachsen im Mutterleib prägt die seelische Struktur des Kindes:

Das Kind kann im Mutterleib noch kaum seine eigene Haut spüren. Denn im Mutterleib ist die biologisch wichtige Funktion der Haut als Schutzorgan des Körpers noch nicht notwendig, da sein Organismus ganz im Schutzsystem des mütterlichen Körpers geborgen ist. Zudem ist die Körpertemperatur des Kindes identisch mit der Körpertemperatur im Leib der Mutter. D. h. für das Kind sind Außen- und Innentemperatur die selbe. Auch dies führt dazu, dass es die Haut als Grenze des eigenen Körpers kaum wahrnehmen kann. Entsprechend wenig entwickelt sind in dieser Lebensphase die Sensoren der Nervenzellen in der Haut. Und auch die Gehirnsysteme, die die Impulse der Nervenzellen der Haut zu verarbeiten haben, sind noch wenig entwickelt. In den ersten beiden Lebensjahren werden diese wichtigen Wachstumsprozesse des neurologischen Systems, die Haut-Nervenzellen und die dafür notwendigen Gehirnbereiche, stattfinden.

Diese neurologische Vernetzung der Haut mit dem Ganzen des Körpers hat eine fundamentale seelische Bedeutung. Je mehr die Haut bewusst gespürt und erfahren wird, je mehr der Mensch ein „Haut-Bewusstsein" entwickelt, desto mehr erlebt er für sein Dasein und für sein Ich eine Grenze, und damit die Möglichkeit, sich zu unterscheiden von dem, was ihn umgibt, von Dingen und anderen Menschen. So kann sich das Ich langsam auf den eigenen Körper beziehen, kann sich als etwas Eigenes und Unterscheidbares wahrnehmen. Die Aufgabe und Chance der Selbstwahrnehmung, der Selbstannahme, der Selbstwertschätzung kann immer mehr beginnen, je mehr die körperliche Hauterfahrung die seelische „Hauterfahrung" ermöglicht.

Die Welterfahrung eines Kindes ist anfänglich vorgegeben und geprägt durch die Welterfahrung des Embryos im Mutterleib. Er erlebt sich dort nicht unterschieden vom Leib der Mutter. Für ihn ist es ein einziger gemeinsamer Körper. Wie sich das Erleben der Mutter innerlich körperlich und emotional auswirkt, daran hat das Kind unmittelbar Anteil. Ob sich der Herzschlag der Mutter verlangsamt oder beschleunigt, ob sie glücklich oder traurig ist, aufgeregt oder entspannt, unter Stress steht oder voll Zorn ist, das Kind hat an all dem Anteil. Es kann nicht unterscheiden, ob es das selbst erlebt oder ob es um das Erleben der Mutter geht. Das Kind ist eins mit der seelischen Erfahrung der Mutter. Auch das, was die Mutter von außen her erlebt, sei es Musik oder Lärm, Kälte oder Wärme, Freude über einem sonnigen Tag oder über ein freundliches Wort eines Mitmenschen, oder Ärger über soziale Ungerechtigkeit oder die Erfahrung innerer Weite bei einem Aufblick zu den Sternen: die Körperlichkeit der Welt, die über die Mutter auf das Kind einwirkt, wird von diesem Kind als eine große Einheit empfunden, es ist alles sein eigener Körper.

Die Körpererfahrung des Kindes ist also allumfassend und grenzenlos. Auch wenn das Kind geboren ist, bleibt diese Einheitserfahrung mit der Mutter und der sie umgebenden Welt für das Kind erhalten und wird erst langsam abgebaut, da es eine Wahrnehmung seiner Haut erst entwickeln muss. Das Kind kann vor der Geburt und einige Zeit nach der Geburt zwischen Mit-Gefühl und eigenem

Gefühl nicht unterscheiden. Es lebt in der Identifikation, in der seelischen Einheit mit der Mutter. Dabei können die Gefühle der Mutter in der Seele des Kindes mächtiger sein und mehr seelischen Raum beanspruchen als die eigenen Gefühle des Kindes. Die Seele des Kindes ist weitgehend „besetzt" von den Gefühlen der Mutter. Das Kind ist aber nicht nur Teil der Seele der Mutter, sondern auch des Vaters; denn die körperliche und seelische Verbindung von Vater und Mutter schafft einen gemeinsamen seelischen Raum der Eltern, in den das Kind hinein geboren wird und den es als den eigenen seelischen Raum erlebt. Das Kind kann deshalb seelische Empfindungen beider Elternteile als seine eigenen erleben.

Das ist wohl auch ein Grund, warum ein Kind sich für alles „verantwortlich" fühlt, was um es her vorgeht. Ob sich die Eltern scheiden lassen oder ob ein Elternteil stirbt, ob die Mutter in Sorge ist wegen der Krankheit eines anderen Kindes, ob es selbst geschlagen oder vernachlässigt wird, immer können im Kind dadurch tiefe Schuldgefühle oder Angst oder auch Zorn entstehen. Denn das Kind hat immer den Eindruck, dass all diese Geschehnisse unmittelbar mit dem eigenen Dasein und mit seinem Verhalten zu tun haben.

2. Nahrung für seelisches Wachstum

Damit das Ich im Kind sich entwickeln kann, muss es eine körperliche und seelische Hauterfahrung entwickeln, um sich von anderen unterscheiden zu können. Dafür ist z.B. das Gestilltwerden, Babymassage und jede Form von Zärtlichkeit wertvolle seelische Nahrung. In solcher Zuwendung erlebt sich das Kind wahrgenommen und einbezogen in das Leben anderer, ebenso, wenn es angesprochen und angelächelt wird. In solchem Wohlwollen erlebt es das Dazugehören-Dürfen.

Die Haut und ihre Verfeinerungen in der Form der Sinnesorgane entwickeln sich zu einem Sensorium der Unterscheidung und der Kontaktmöglichkeit. Die Haut wird zu einem Organ der Mitteilung und der bewussten Erfahrung der Dazugehörigkeit.

Wahrgenommen werden weckt bei einem Kind die eigene Fähigkeit, sich wahrzunehmen.[1] Angesprochen werden weckt das Bedürfnis und die Fähigkeit zu reagieren, sich auch selbst zu äußern.

Dieses seelische Wahrgenommen-werden ist nicht mit dem schnellen Klick eines Fotoapparates zu vergleichen, sondern eher mit dem uralten Symbol eines Weges durch ein Labyrint, das im Innersten einen wertvollen Schatz birgt, aber der Weg dorthin ist nicht nur sehr verschlungen, sondern auch von bedrohlichen Gefahren überschattet und zudem gibt es auf diesem Weg durch das Labyrint viele geheimnisvolle Türen, die bei einem Kind zum großen Teil noch verschlossen sind. Erst in der weiteren körperlichen und seelischen Entwicklung werden diese Türen langsam zugänglich. Wahrgenommen-werden ist also kein schnelles, endgültiges Ereignis, sondern stellt die schwierige Grat-Wanderung dar, die mit dem Aufbau von Vertrauensbeziehungen und Freundschaften verbunden ist.

Für die Entwicklung der Selbst-Wahrnehmung und der Selbst-Wertschätzung eines Kindes ist das Wahrgenommen-werden und Geschätzt-werden durch die Eltern grundlegend. Zudem ist es aber auch seelische Nahrung für ein Kind, wie die Eltern sich jeweils selbst achten und in ihrem Verhalten ein gesundes Selbstwertgefühl zum Ausdruck bringen. Des weiteren ist auch das Vorbild hilfreich, wie die Eltern sich gegenseitig achten in ihrem jeweiligen Anderssein und wie sie miteinander umgehen, wenn sie in Konflikten an die Grenze des Verstehens kommen.

Das Wahrgenommen-Werden ist zuerst einmal wichtiger, als Wertschätzung zu erhalten. Das drückte eine ältere Frau aus, die ihren Mann verloren hatte: Von ihm war sie zwar bevormundet worden und er hatte oft an ihr etwas auszusetzen, jetzt aber, da sie unter ihrer Einsamkeit litt, meinte sie „wenn er doch wieder da wäre und mich wenigstens schimpfen würde".

Aber sobald das grundlegende Bedürfnis wahrgenommen zu werden, gestillt ist, meldet sich immer stärker das Bedürfnis, auch angenommen zu sein, dazu gehören zu dürfen, einen guten Platz im Herzen des anderen zu haben. Der Mensch will nicht nur da sein, er will bejaht sein; aber er will nicht nur bejaht sein, weil er in den Augen der anderen dazu passt, sondern er will geachtet sein in seiner Originalität, also in seinem „Anderssein". Denn die seelischen Bedürfnisse wachsen stufenweise weiter, sobald die jeweils grundlegenderen gestillt sind.

3. Das Hauptproblem der Seele: Achtung und Verachtung

Jede Form von Nicht-beachtet-werden, Ausgegrenzt-werden, An-den-Rand-gedrängt-werden, aber auch unterdrückt und ausgenutzt werden, ständig bewertet werden, oder einfach vergessen werden, erleben wir als Verachtung. Verachtung muss also nicht immer eine konkrete Beleidigung sein oder dass einer auf seine Mitmenschen herab schaut. Verachtung hat grundsätzlich damit zu tun, äußerlich in der Gemeinschaft und innerlich im Denken anderer keinen guten Platz zu bekommen. Fast alle Kämpfe, Kriege und Gewalttätigkeiten im gesellschaftlichen Leben haben mit dieser Frage nach Achtung und Verachtung zu tun, bzw. mit dem Raum, den Menschen äußerlich oder innerlich einander zugestehen. Auch wenn manche aus Liebe andere über-versorgen oder sich in deren Leben einmischen nach dem Motto „ich will ja nur dein Bestes", ist oft eine unbewusste Verachtung im Spiel.

Die systemische Sicht der Familientherapie geht auf Grund vielfältiger Erfahrungen davon aus, dass ein Kind mit der untrüglichen seelischen Empfindsamkeit dafür geboren wird, ob es in dieser Welt Achtung oder Verachtung gibt. Und da es durch seine ganzheitliche Wahrnehmungsfähigkeit der Welt im Mutterleib gewohnt ist, alles auf sich selbst zu beziehen, empfindet es Verachtungsgefühle, die es im Herzen von Vater oder Mutter gibt, als Bedrohung für die eigene Daseinsberechtigung. Da Verachtung nach dem Empfinden eines Kindes einfach nicht sein darf und ein absolut unakzeptables und vorrangiges Problem darstellt, engagiert es sich dafür, vorhandene Verachtung zu überwinden.

Wie kann das durch ein neugeborenes Kind geschehen? Da Verachtung bedeutet, dass der verachtete Mensch keinen angemessenen seelischen Platz zugestanden bekommt, gibt das Kind diesem Menschen in sich einen Platz, indem es sich seelisch den inneren Energien dieses Menschen öffnet und sie übernimmt. Später wird es durch eigenes Verhalten und entsprechende Gefühlsäußerungen jenen Menschen emotional vergegenwärtigen.

Diese Identifikation eines Kindes mit einem anderen Menschen geschieht gewöhnlich nur gegenüber Personen des Verwandtschaftssystems, zu dem die eigenen Geschwister und Stiefgeschwister, die eigenen Eltern und deren Geschwister und Stiefgeschwister, des Weiteren die Großeltern und alle durch Partnerschaft hinzugekommenen Personen zählen. Hat in einer Generation ein Großelternteil ein Elternteil ersetzt, so sind bei dieser Betrachtung unter Umständen auch Urgroßeltern mit einzubeziehen.

Es ist nicht notwendig, dass ein Kind die Person, mit der es in dieser Weise identifiziert ist, persönlich kennt; ja es kann sein, dass diese Person vor seiner Geburt schon verstorben ist. Entscheidend ist vielmehr, dass die Eltern ihre eigenen Eltern und Geschwister und deren Beziehung zueinander emotional in sich tragen und ihr Kind in dieses Beziehungsmuster der elterlichen Seele hinein geboren wird und spürt, ob es dort für alle, die dazugehören, einen Ort der Achtung gibt.

Die Entwicklung des eigenen Ichs im Sinne eines gesunden Selbstbewusstseins ist verbunden mit der Überwindung jeder Form der Verachtung gegenüber einem anderen Menschen und ganz besonders gegenüber Mitgliedern des Verwandtschaftssystems.

4. Emotionale Wirkungen eines Schicksalsschlages in der Kindheit

Die Gefühlsenergien sind bei einem schlimmen Schicksalsschlag in der Kindheit für die junge Seele so extrem belastend, dass der seelische Filter sie in vielen Fällen ausblendet und sie nicht zum Ausdruck kommen lässt. Dieser Verdrängungsmechanismus löst aber das emotionale Problem des Kindes nur vorübergehend, verschiebt es nur auf einen späteren Zeitpunkt. Der erwachsene, seelisch reife Mensch ist in der Lage, alle Gefühle, die sich aus seiner Kindheit in seiner Seele abgelagert haben, zuzulassen, sie auszudrücken und diese Gefühle und damit auch den lebensgeschichtlichen Teil, zu dem sie dazugehören, als Teil des eigenen Wesens und der eigenen Geschichte anzunehmen. Die eigene Lebensgeschichte anzunehmen, bedeutet vor allem, auch die dazugehörenden Gefühlsenergien anzunehmen und sie in sich zuzulassen und auszuhalten. Dies gelingt oft nur, wenn man sie zum Teil auch auszudrücken und mitzuteilen bereit ist. Dies wird aber dadurch erschwert, dass verdrängte Gefühlsenergien aus der Kindheit auch einen Erwachsenen an die Grenze seelischer Belastbarkeit führen können. Zudem sind es zum Teil gesellschaftlich geächtete Gefühle wie Trauer oder Zorn, vor denen auch eine erwachsene Person Angst haben kann. Und oft sind es so gegensätzliche Emotionen wie Sehnsucht und Verachtung oder Liebe und Wut gegenüber demselben Menschen, die einen gerade wegen dieser Gegensätzlichkeit verwirren und verunsichern. Wir haben wohl fast alle von Kindheit an die Bedeutung der Gefühle und ihres Zusammenwirkens falsch zu bewerten gelernt, nämlich dass die einen Gefühle gut sind und die anderen böse und dass nicht beides gleichzeitig im Herzen eines Menschen leben darf.

Eine weitere Eigenart der Seele des Kindes verschlimmert das Problem: Ein Kind glaubt sich für alles verantwortlich, was es erleidet und gibt sich u. U. selbst die Schuld für einen schlimmen Schicksalsschlag. Solche – aus der objektiven Sicht eines Erwachsenen – unrealistischen Schuldgefühle können später sehr verwirrend sein und machen es deshalb auch einem erwachsenen Menschen schwer, sie zu akzeptieren und zur Welt kommen zu lassen. Aber belastende Gefühle lassen sich nicht weg diskutieren und nicht weg argumentieren, sondern müssen zuerst einmal zugelassen werden, um ihre Herkunft und ihre Bedeutung und Gültigkeit zu verstehen, um dann entsprechend mit ihnen umzugehen, damit sie sich lösen.

Im Folgenden werden typische Gefühlsreaktionen eines Kindes beschrieben wie sie z. B. beim Tod eines Elternteils entstehen können und wie sie sich belastend und lähmend für die weitere seelische Entwicklung bis hinein in das Erwachsenenalter auswirken können.

Auch hier ist zu beachten, wie unterschiedlich die Gefühlsreaktionen sein können. Aber wir müssen unterscheiden zwischen dem, was sich innerlich an Gefühlsenergien bildet, aber zum erheblichen Teil verdrängt wird und dem, was geäußert wird und in Handlungsenergien umgesetzt wird und damit das Verhalten prägt. Die hier aufgezeigten Gefühle haben deshalb eine wesentlich höhere Wahrscheinlichkeit, dass sie so entstehen, wie hier beschrieben wird, als die Handlungsmuster. Also: Es muss nicht so laufen, wie hier dargestellt – das Unbewusste wie auch die bewusste Kreativität des Menschen sind in seelischen Dingen vielfältiger als es einer nur in linearer Kausalität denkenden Logik zu erfassen möglich ist.

Das Folgende sind also – wie oft in diesem Buch – mögliche und typische, aber nicht notwendige Reaktionsmöglichkeiten.

Was sind nun typische Gefühlsreaktionen eines Kindes beim Tod eines Elternteils?

a) Schock, Schmerz und Trauer

Die ersten Reaktionen in der Seele des Kindes sind Schock, Schmerz und Trauer. Der Schmerz kann so gewaltig sein, dass er für das Kind lebensbedrohlich erscheint. Vermutlich ist durch die starke seelische Verbundenheit zwischen Eltern und Kind der Tod eines Elternteils auch eine innere Berührung des Kindes mit der Todeserfahrung selbst. Da das Kind sich gewöhnlich mit der Tatsache des Sterbens noch nicht auseinander setzen konnte, öffnet sich mit der Todeserfahrung ein unendlicher Abgrund, der dazu führt, dass es davor die Augen verschließt und sich entschieden dem Leben zuwendet. Dadurch wird es aber unfähig, den Weg der Trauer zu gehen und Abschied zu nehmen.

Die Trauer hat das Ziel, eines Tages in den Tod des Verstorbenen einzuwilligen, den Verstorbenen also mit dem Ganzen seines Lebens zu achten. Und dazu gehört dann auch seinen Tod zu achten. Für ein Kind ist es auch deshalb so schwierig, die Trauer zu leben, weil es den Verlust eines Elternteils noch jahrelang und immer wieder schmerzlich spürt und deshalb dessen Abwesenheit nicht akzeptieren will. Der erwachsene Mensch, der als Kind ein Elternteil verloren hat, muss den Weg der Trauer nachholen, sonst kann er das kindliche Muster des Wegschauens und des Verdrängens eines wichtigen Ereignisses in seinem Leben nicht verlassen. Dieses Wegschauen ist verbunden mit dem steten Bemühen, die aufsteigenden Gefühle niederzuhalten; denn diese liegen „auf der Lauer" und suchen eine Gelegenheit, zur Welt zu kommen. Verdrängung bedeutet in diesem Fall eine beständige innere Wachheit, diese Gefühle niederzuhalten, da sie in der Lage sind, einem völlig die Fassung zu rauben.

Für Männer ist dieses Problem besonders belastend, weil sie gelernt haben, Trauer und Tränen zu verbergen und deshalb verstärkt Angst haben, dass ihre Gefühle unkontrolliert hervorbrechen könnten. So bekommen sie Angst vor dem, was in ihnen lebendig ist. Sie können in ihrer Selbstwahrnehmung nicht „nach innen schauen", im Gegenteil, sie bekämpfen und unterdrücken, was sich in ihnen rühren will, sie verachten es und empfinden es als feindlich.

Wer aber den Strom seiner Gefühle nicht ausdrücken und zur Welt kommen lassen kann, dem fällt es schwer, sich selbst zu verstehen und zu achten. Gefühle verkörpern nicht nur die innere Lebendigkeit eines Menschen und seine Verbundenheit mit der Umwelt und den Mitmenschen. Sie sind auch die wesentlichen Signale des Inneren, die ihm helfen zu unterscheiden, was ihm gut tut und was ihm schadet. Deshalb fehlt dem, der seine Gefühle unterdrückt und verdrängt, der innere Orientierungssinn in Entscheidungssituationen. Solche Menschen orientieren sich deshalb an äußeren, künstlichen Entscheidungshilfen. Äußere künstliche Orientierungsanker können für sie religiöse Glaubenssysteme sein oder Parteiprogramme, ideologische Weltanschauungen, die Umsatz- und Expansionsziele eines Unternehmens oder das Paragrafensystem eines Verwaltungsamtes. Die Reihe ließe sich wohl noch fortsetzen. Menschen, die einem Gruppen- oder Systemzwang erliegen, ob sie nun paragrafensture Beamte sind oder fundamentalistische Gläubige, ob fanatische Ideologen kapitalistischer oder kommunistischer Prägung, ob sie nach einem politischen „Führer" schreien oder für jedes moralische Problem nach einer offiziellen Aussage des Hl. Vaters suchen, immer sind es Menschen, die in ihrer Lebensgeschichte Angst bekommen haben vor dem, was in ihnen ist, die in ihrer Kindheit eine emotionale Überforderung erlebt haben.

b) Sehnsucht

Neben Schmerz und Trauer gibt es bei einem Kind, das ein Elternteil verloren hat, vor allem eine oft viele Jahre während Sehnsucht. Da ein Kind den Weg der Trauer mit dem Ziel der Einwilligung in den Tod des Verstorbenen nicht gehen kann, findet kein Abschied statt. Deshalb kann der abschließende innere Vollzug der Trauer nicht stattfinden. Die Rückkehr zu sich selbst, eine neue Weise, im seelischen Erdreich dieser Welt Wurzeln zu schlagen und dabei die offenen Wunden, die der Tod eines lieben Mitmenschen gerissen hat, zu schließen, bleibt verwehrt.

Wenn dieser seelische Vorgang des Sich-schließens nicht vollzogen wird, bleibt eine innere Erwartungshaltung; man kann sie darstellen mit ausgestreckten offenen Händen der Sehnsucht, die Hoffnung auf Empfangen signalisieren. Diese unsichtbaren seelischen Sehnsuchtshände lassen einen Menschen in einer Kindheitsrolle verharren; denn das Kind ist grundsätzlich das empfangende Wesen, das viele Jahre hindurch viel bekommen muss, um zu wachsen und selbstständig zu werden. Wenn man auf Grund der Abwesenheit eines Elternteils dessen Zuwendung vermisst, aber sie jahrelang vergeblich erhofft, dann kann sich diese Haltung stabilisieren und manchmal ein ganzes Leben lang aufrecht erhalten werden. [2]

c) Zorn, Wut und Verachtung

Nicht nur Sehnsucht und Trauer löst der Tod eines Elternteils bei einem Kind aus. Was wohl für viele überraschend und zuerst einmal unglaubwürdig erscheint, ist die Tatsache, dass in einem Kind auch Zorn und Wut entstehen. Das kommt wohl daher, dass ein Kind alles extrem subjektiv empfindet: Es hat den Eindruck, es sei ganz persönlich verlassen worden, der Verstorbene habe sich von ihm abgewendet und es sich selbst überlassen. Gewöhnlich werden diese Gefühle in der Kindheit und manchmal auch noch später verdrängt, werden aber meist an den Ehepartner heran getragen. Solche Menschen verlieben sich ungewöhnlich heftig und spüren eine sehr intensive Zuneigung und Liebe, die bis zu einer tiefen Verehrung des geliebten Menschen führen kann. Aber sobald sich die Beziehung stabilisiert hat, können starke Gefühle der Entrüstung und des Zorns auftauchen, wenn der Partner durch ein unwesentliches Fehlverhalten die Quellen der seelischen Energien beim anderen freilegt.

Wo die Verehrung einem Menschen gegenüber groß war, ist die Verachtung nicht weit. Verehrung und Verachtung sind jeweils zwei problematische Beziehungsmuster, die miteinander verbunden sind. Beide sind ungesund und versperren den Zugang zu einer realistischen und gerechten Sicht.

Das kindliche Muster bei einem Ehemann, der mit fünf Jahren seine Mutter verloren hatte und jetzt seine Frau so demütigt, dass sie ihn verlassen will, lautet wohl: „Auf die Frauen ist sowieso kein Verlass; wenn du sie am dringendsten brauchst (als Kind), dann verschwinden sie einfach. Die sind nicht bereit oder nicht fähig, ihren „Job" als Mutter zu machen."

Und weil solche Ehemänner durch die Verdrängung ihrer Kindheitsgefühle tatsächlich einen Teil ihrer Kindheit verloren haben, wollen sie in der Ehe oft etwas davon nachholen, gehen in die Bedürftigkeit eines Kindes und drängen die Ehepartnerin in eine Mutterrolle. Wenn die Ehefrau diese Rolle nicht zu spielen bereit ist, bekommt sie heftige Vorwürfe, ja wird unter Umständen sogar mit tiefer Verachtung ihres Mannes konfrontiert.

Erträgt die Ehefrau die Verachtung nicht mehr und entzieht sie sich dem Mann körperlich oder verlässt sie die Ehe, steigert sich die Verachtung des Mannes gegenüber den Frauen allgemein oft ins Unermessliche. Solche Männer verachten auch die Psychologie und die Therapeuten und machen sich über jeden lustig, der sich dort Hilfe holen will. Sie haben Angst, durch die Methoden der Therapie mit dem für sie unerträglich erscheinenden Schmerz der kindlichen Trauer konfrontiert zu werden, und fürchten, dass aufgedeckt wird, wie sehr sie im Ehekonflikt eine kindliche Rolle einnehmen.

d) Schuldgefühle und Minderwertigkeits- gefühle

Während Wut und Zorn die aggressive Reaktion auf seelische Schmerzen bzw. auf ein überforderndes Problem darstellen, sind Schuld- und Minderwertigkeitsgefühle die depressive Form der Reaktion. Die aggressive Seite sucht die Schuld außen und produziert Vorwürfe und Entrüstung. Die Depression geht nach innen und sucht die Schuld bei sich selbst. So unsinnig Schuldgefühle bei einem Kind wegen des Todes eines Elternteils auch sein mögen, sie machen noch einmal deutlich, wie sehr ein Kind sich verantwortlich fühlt gegenüber den Ereignissen in seiner Umgebung. In extremer Subjektivitätserfahrung bezieht es alle Ereignisse um sich her unmittelbar auf sein Verhalten und kann sich deshalb schuldig fühlen, wenn ein Elternteil stirbt. Dies gilt übrigens auch für andere seelische Erschütterungen und Verletzungen eines Kindes wie Vernachlässigung, Misshandlung, Missbrauch oder Scheidung der Eltern. Alles, was für das Kind schmerzhaft oder belastend ist, kann die unbewusste Frage auslösen: „Was habe ich denn falsch gemacht, was habe ich angestellt, dass mir das widerfährt, dass mir das angetan wird?"

Die unbewusste Antwort des Kindes auf diese Frage sind Schuldgefühle. Da es sich aber an kein konkretes schuldhaftes Verhalten erinnern kann, überträgt es das Schuldgefühl auf alle möglichen Verhaltensweisen. Jede Entscheidung und jede Handlung kann in den Verdacht des Schuldhaften geraten. Ein solches Problem lässt sich nicht durch konkrete Schuldeinsicht und konkrete Verhaltensänderung auflösen. So durchwirkt dieses diffuse Schuldgefühl das ganze Leben und schafft ein allgemeines Minderwertigkeitsgefühl.

Mit Schuld- und Minderwertigkeitsgefühlen belastete Menschen können später große Entscheidungsschwierigkeiten haben, so dass sie wichtige Lebensentscheidungen ständig hinausschieben und wie gelähmt davor stehen. Denn sie haben eine tiefsitzende Angst in sich, sie könnten wieder einen schrecklichen Fehler begehen.

5. Der innere Dialog und seine Blockaden: die „Enneagramm-Typen"

Während im vorangegangenen Kapitel die eher passiv von einem Kind erlebten *Gefühle* beschrieben wurden, die bei einem Schicksalsschlag entstehen, geht es in diesem Kapitel um die Beschreibung von *Handlungsstrategien*, die ein Kind als Antwort auf überfordernde Gefühlsbelastungen entwickeln kann.

a) Die Hauptenergiebereiche

Wie vielfältig und unberechenbar Kinder auf ein sie überforderndes Problem reagieren können, zeigen die neun Enneagramm-Charaktertypen. Das Enneagramm sieht im

Menschen drei seelische Hauptenergiebereiche: den Kopfbereich, den Herzbereich, den Bauchbereich.

Diese Bereiche sind Wahrnehmungs-, Verarbeitungs- und Reaktionszentren.

(1) Der Kopfbereich

Der Kopfbereich steht für Rationalität, Geistigkeit, für die Welt der Ideen, Gedanken, Planungen und praktischer, organisatorischer Tätigkeiten.

Im europäischen Kulturraum hat sich in den letzten Jahrhunderten der Kopfbereich am stärksten durchgesetzt, hat einen großen Siegeszug angetreten und zu außerordentlichen Erfolgen geführt: Die Leistung des Kopfes hat die Natur durchschaut, durch die Erkenntnisse der Naturwissenschaften die Grundlagen für die technische Entwicklung geschaffen, die in der industriellen Revolution eine breite gesellschaftliche Bedeutung bekam und zum wirtschaftlichen Aufschwung Europas beitrug. Dieser wiederum ermöglichte den Wohlstand für breite Bevölkerungsschichten und unterstützte auch die Entwicklung der Demokratie.

Deshalb ist es nicht verwunderlich, dass gegenüber dieser Erfolgsgeschichte des „Kopfes", also des rationalen Denkens und der rationalen Weltsicht, die anderen seelischen Zentren im Menschen zurückgedrängt, vernachlässigt oder gar abgewertet wurden.

„Der verkopfte Mensch", der vielwissende und der sehr vernunftbetonte, konnte mit der größten Anerkennung rechnen. Er hatte die größte Autorität, er gilt in vielen Kreisen oft auch heute noch als der eigentlich wertvolle und wahre Mensch.

Dem gegenüber erscheint der emotionale, gefühlsbetonte Mensch eher als unberechenbar, unzuverlässig, nicht ganz ernst zu nehmen. Wenn es sich um weiche Gefühle handelt, gilt er eher als Weichling und unterliegt leicht dem Vorwurf der Gefühlsduselei; handelt es sich um aggressive Gefühle, wie Wut und Zorn, gilt er als unbeherrscht und problematisch.

(2) Der Herzbereich

Der Herzbereich steht für menschliche Beziehungen des Vertrauens, der Wertschätzung, der Verbundenheit, der Nächstenliebe. Er gilt im religiösen und ethischen Bereich als der entscheidende, wenn es darum geht, die Qualität eines Menschen zu beschreiben. Es geht hier darum, was Menschen innerlich miteinander verbindet, was sie als Menschen füreinander bedeuten. Erst das Mitgefühl, die Fähigkeit, Schmerz oder Freude eines anderen ein Stück zum eigenen Schmerz, zur eigenen Freude werden zu lassen, macht den Menschen „menschlich". Der Herzbereich ist der Ort, wo einer für den anderen einen guten inneren Platz haben kann.

Während Kopf- und Bauchbereich vor allem der eigenen Durchsetzungsfähigkeit und der eigenen Überlebensstrategie in der äußeren Welt dienen, geht es im Herzbereich um das Bedürfnis, bei den Mitmenschen einen inneren Ort der Wertschätzung, der Achtung und des Wohlwollens zu finden. Dieser innere Ort bei den Mitmenschen wird nicht durch einen Kampf gegen sie erworben, sondern nur durch das, was man an Vertrauen, an Offenheit, an Herzlichkeit und durch Hilfsbereitschaft zu schenken bereit ist. Man muss sich dabei selbst mit seinem „Herzen" dem anderen ein Stück anvertrauen und ausliefern.

Alle erreichten Werte und „Erfolge" in diesem Bereich können nicht von uns allein abgesichert werden, da sie immer auch von der Befindlichkeit und der Freiheit des anderen abhängen. So erleben wir uns hier am verletzbarsten und am unsichersten. Aber wer meint, auf diesen Bereich verzichten oder ihn vernachlässigen zu können, dem erscheint das Leben irgendwann leer und sinnlos.

(3) Der Bauchbereich

Der Bauchbereich ist der Erde am nächsten. Er steht für Lebensbezogenheit, für Geerdet-Sein, für alle überlebensnotwendigen Bedürfnisse wie Hunger, Selbstbehauptungswillen, Eigenverantwortung, aber auch Erotik und Sexualität.

Dieser Körperbereich ist der bei weitem älteste; denn seine organische Grundlage ist der Stoffwechsel, und der geht in der Entwicklungsgeschichte des Lebens bis auf die Existenz der ersten Einzeller zurück. D.h. der „Bauch" hat eine Erfahrungsgeschichte mit dem Leben in dieser Welt von 3,7 Mrd. Jahren. Verglichen mit der Entwicklungsgeschichte der ersten Nervenzellen, die vor rund 1 Mrd. Jahren entstanden und die Grundlage für Gehirnsysteme geworden sind, ist also der Stoffwechsel mehr als drei mal älter und hat entsprechend mehr „Lebenserfahrung". Insofern hat er am meisten Lebenswissen gespeichert. Wenn der „Kopf" den „Bauch" nicht ernst nimmt, nicht zur Kenntnis nimmt, nicht auf ihn hört, ist er in Gefahr „abzuheben", sich in einer eigenen Welt der Gedanken und Fantasien zu bewegen und den Lebensbezug zu verlieren. Der „Kopf" kann nur dann wirklich klug und weise werden, wenn er gelernt hat, auf das „Wissen", auf die „Signale" und „Botschaften" des Bauches wie auch des Herzens zu hören.

b) Charaktertypen

In der seelischen Entwicklung eines Menschen ist es wichtig, dass diese drei Wahrnehmungs- und Energiezentren in einem wechselseitigen Dialog miteinander stehen und die Reaktionen des Ichs jeden dieser Bereiche mit enthalten. Da in einem Kleinkind der innere Dialog noch unentwickelt ist, reagiert es auf Probleme, die sich ihm stellen, anfänglich nur mit einem oder mit zwei Energiebereichen. Daraus entstehen die unterschiedlichen Charaktertypen, wie sie das Enneagramm-System beschreibt:

– der extreme Herz-Typ oder Helfertyp (der Zweier-Typ)
– der Herz-Bauch-Typ oder Erfolgstyp (der Dreier-Typ)
– der Herz-Kopf-Typ oder Ich-bin-anders-Typ
  (der Vierer-Typ)
– der extreme Kopf-Typ oder Ich-weiß-alles-Typ
  (der Fünfer-Typ)
– der Kopf-Bauch-Typ oder Ordnungs-Typ
  (der Sechser-Typ)
– der Kopf-Herz-Typ oder Spaßvogel-Typ
  (der Siebener-Typ)
– der extreme Bauch-Typ oder Machtmensch
  (der Achter-Typ)
– der Bauch-Herz-Typ oder Gelassene-Typ
  (der Neuner-Typ)
– der Bauch-Kopf-Typ oder Perfektions-Typ
  (der Einser-Typ)

Jedem dieser Typen fehlt die Integration und damit das Mitspracherecht von einem oder sogar zwei seelischen Körperzentren. Wie häufig bei behinderten Menschen ist es auch bei diesen seelischen Einseitigkeiten so, dass die aktiven Bereiche eine überdurchschnittliche Sensibilität und Reaktionsfähigkeit entwickeln können. Deswegen hat auch jeder dieser Typen mit seinen Einseitigkeiten seine besonderen Vorzüge und Fähigkeiten und seine Schwachpunkte und Defizite. Bestimmte Seelenanteile haben also wenig Raum, sich zu entfalten und zur Welt zu kommen. Welche Lebensumstände und Schicksalsschläge diese Typen hervorbringen, ist nicht logisch begründbar, da der selbe Schicksalsschlag bei verschiedenen Menschen zu völlig unterschiedlichen inneren Reaktionen und damit zur Herausbildung verschiedener Charaktertypen führen kann.

Nehmen wir als Beispiel den frühen Tod eines Vaters. Welche seelischen Reaktionen kann er bei verschiedenen Kindern auslösen?

(1) Der extreme Herz-Typ (Zweier-Typ im Enneagramm):
  „Ich helfe"[3]

Beim extremen Herztyp steht das Mitgefühl mit der Mutter im Vordergrund, und er versucht alles zu tun, ihr beizustehen, damit sie nach dem Verlust ihres Mannes wieder glücklich wird. Dieses engagierte Bemühen des Kindes, die Mutter glücklich zu machen, soll sie davon abhalten, auch noch weg zu gehen. Trauer und Wut über den Tod des Vaters werden verdrängt, das Kind flüchtet vor diesen starken, bedrohlichen Gefühlen in sich und lernt nicht, sich selbst wahrzunehmen, sich selbst zu spüren.

Hinzu kommen die Schuldgefühle, die in einem Kind beim Tod eines Elternteils entstehen können und die damit verbundene Angst, nicht liebenswert zu sein. Deshalb hält es sich in seiner Fantasie ständig in den Köpfen anderer Menschen auf und versucht alles zu tun, damit diese gut von ihm denken, dass sie ihm das Daseins-Recht zugestehen, dass es wenigstens in deren Herzen und Gedanken leben darf. Mit aller Selbstlosigkeit und Hilfsbereitschaft will das Kind neues Unglück verhindern, altes sühnen und sich die Liebe der Mitmenschen verdienen. Dabei verliert es immer mehr den Kontakt zur eigenen Gefühls- und Lebenswirklichkeit. Es meint, ganz aus der Gnade der Mitmenschen leben zu müssen, aber einer Gnade, die es sich verdienen muss.

(2) Der Herz-Bauch-Typ (Dreier-Typ im Enneagramm):
  „Ich habe Erfolg"

Beim Verlust des Vaters ist für den Herz-Bauch-Typ die Frage entscheidend: Bin ich denn weniger wert als die anderen, weil ich keinen Vater habe? Ich will es allen zeigen: dass ich trotzdem etwas kann, dass ich nicht weniger bin als die anderen! Ich werde mich anstrengen und durch meinen Erfolg vor aller Welt meiner allein stehenden und bemitleideten Mutter Ehre und Ansehen verschaffen als ihr kleiner

Prinz, bzw. als die kleine Prinzessin, die groß raus kommt. Es verbündet sich unter Umständen mit dem verstorbenen Vater und versucht, dessen ungelebtes Leben auch noch zu verwirklichen. Während im extremen Herz-Typ mehr die Schuldgefühle kompensiert werden, sind es beim Herz-Bauch-Typ mehr die Minderwertigkeitsgefühle, die durch erfolgsorientierte Leistungsbereitschaft überwunden werden sollen.

(3) Der Herz-Kopf-Typ (Vierer-Typ im Enneagramm): „Ich bin anders"

Er will vor allem anders sein, als die anderen. Das hat er nach dem Verlust des Vaters erlebt: Die anderen wissen nicht, welche Wehmut, welche Schmerzen, welche Sehnsüchte sein Herz erfüllen, seitdem der Vater nicht mehr lebt, nicht mehr für ihn da sein kann. Diese von anderen unerkannten und unverstandenen Gefühle machen ihn einsam. Aber in diesen Gefühlen weiß er sich mit seinem Vater verbunden, und in diesen Gefühlen erscheint für ihn die ganze Welt, die Natur und jedes Tier, der Herbst und jeder Sonnenuntergang seine Stimmung der Einsamkeit in einzigartiger Weise widerzuspiegeln. Das Unverstanden-Sein und die Originalität seiner wehmütigen Weltverbundenheit bzw. Jenseits-Verbundenheit wird zu einem Grundmuster seiner seelischen Befindlichkeit. Diesen Gefühlen in entsprechend einzigartiger Weise Ausdruck zu verleihen und sie geheimnisvoll verschlüsselt zur Welt kommen zu lassen, machen ihn als Künstler, welcher Kunstrichtung auch immer, so tiefgründig und faszinierend, aber auch verletzlich im Nicht-verstanden-werden. Seine wehmütige Kreativität ist Kompensation seiner seelischen Einsamkeit.

(4) Der extreme Kopf-Typ (Fünfer-Typ im Enneagramm):
   „Ich blicke durch"

Er betrachtet nach dem Tod seines Vaters Gefühle grundsätzlich nur als gefährlich und unberechenbar, da er spürt,
dass er beim Zulassen der Gefühle der Trauer die Fassung
völlig zu verlieren droht. Deshalb erscheint es für ihn sicherer, sie nicht zu leben, sie absolut zu verdrängen. Statt dessen wendet er sich radikal der Außenwelt zu und versucht
diese zu verstehen, sie zu durchdenken, jede Menge Wissen
über sie anzuhäufen. Er wird zum großen Theoretiker und
zum Menschen der Bücher und des Wissens. Die Leistungen
des Kopfes sind für ihn entscheidend und geben ihm Sicherheit und Verbundenheit mit der Welt. Gefühlsbeziehungen
hat er längst für unwichtig zur Lebensbewältigung erklärt,
sie lähmen und beunruhigen nur, sie lenken ab und machen
schwach und vernebeln den klaren Zugang der Gedanken
zur Welt. Er kompensiert das Nicht-verstehen-können des
Schicksalsschlages mit extremem Wissensdurst gegenüber
der äußeren Welt.

(5) Der Kopf-Bauch-Typ (Sechser-Typ im Enneagramm):
   „Ich tue meine Pflicht"

Ihn treibt nach dem Tod des Vaters die Angst, dass den Ordnungen der Natur nicht zu trauen ist, sie haben ihm den
Vater geraubt. Das Leben ist in dieser Welt gefährdet und
haltlos. Man muss sehr Acht geben, jeden Leichtsinn vermeiden, alles genau kontrollieren und exakt verwalten. Den
unzuverlässigen Ordnungen der Natur muss man eine von
Menschen entwickelte exakte und zuverlässige Ordnung
entgegen stellen. Das Leben ist nur zu bewältigen durch von
Menschen konstruierte Institutionen und Verwaltungsapparate. Von Menschen geschaffenen Ordnungen ist mehr zu
trauen als natürlichen Lebenssystemen.

   Aber die von Menschen geschaffenen Systeme brauchen
die ständige Kontrolle und Achtsamkeit; ein einziger Fehler

kann verheerende Auswirkungen haben. Das sind Menschen mit gewissenhaftem, aber manchmal auch sturem Bürokraten-Verhalten.

Aus dieser seelischen Energie können jedoch auch Spezialisten für Verwaltungsapparate oder wegweisende Verfasser von Gesetzen, Verordnungen und Staatsverfassungen hervorgehen.

(6) Der Kopf-Herz-Typ (Siebener-Typ im Enneagramm): „Ich bin glücklich"

Nach dem Tod des Vaters ist der Kopf-Herz-Typ überzeugt, dass das Leben vergänglich und sehr zerbrechlich ist, dass man es nicht halten und sichern kann. Das einzige, was dem Menschen möglich ist, besteht im Genießen des Augenblicks. Die wenigen Freuden, die die Welt und das Leben zu bieten haben, gilt es anzunehmen, sie auszukosten, und deshalb ist es wichtig, keine Gelegenheit zum Feiern und Genießen auszulassen. Das Trauern und Nachdenken, das Sinnieren und Grübeln ist für ihn sinnlos und nur eine Zerstörung der Lebensfreude. Deshalb lebt er nach dem Motto: „Lasse den Kummer und lasse den Schmerz", denn diese haben, so weiß er es aus seiner kindlichen Erfahrung, nur eine seelisch bedrohliche, ja vernichtend erscheinende Wirkung. Daher vermeidet er es, zu ernsthaft oder wütend oder traurig zu werden, flieht vor jeder Einsamkeit, da diese die verdrängten Gefühle aufsteigen lassen könnte. Alles Unangenehme wird aus dem Leben ausgeblendet und da die wirkliche Welt sowieso nicht auszuhalten ist, nimmt das Ausblenden und Verdrängen dieses als Spaßvogel bekannten Menschen immer groteskere Formen an.

(7) Der extreme Bauch-Typ (Achter-Typ im Enneagramm): „Ich bin stark"

Er lebt nach dem Motto: „Auch wenn der Vater tot ist, will ich leben!" Die Kindheit war für ihn vielleicht materiell dürftig und schwierig geworden. Der Lebenskampf erschien schon im Kindesalter als hart und unerbittlich, es wurde einem nichts geschenkt, man musste sich mühsam erkämpfen, was man zum Leben brauchte, man musste an sich selbst zuerst denken und sich behaupten, um nicht unter zu gehen. Sein Leben hatte wenig Spielraum zum Nachdenken. Es musste oft schnell gehandelt und entschieden werden. Da war kein Raum für Kunst und Fröhlichkeit, für Mitgefühl oder Diskussionen, es ging um das alltägliche Überleben. Aggressivität, Härte, Rücksichtslosigkeit, der Verzicht auf „Gefühlsduselei" und überflüssige Ästhetik hatten sich als erfolgreiche Grundhaltungen bewährt.

Aber solche Menschen wissen auch um die wirklich lebensnotwendigen Dinge, und sobald sie sich eine stabile Position erkämpft haben, gestehen sie das wirklich Lebensnotwendige oft auch jedem anderen zu und treten dann für materielle Gerechtigkeit und Hilfe für bedürftige Kinder ein. Sie anerkennen allerdings meist nur äußere offensichtliche Notlagen, psychische Probleme werten sie als Psychologenzeug und Gefühlsduselei ab.

(8) Der Bauch-Herz-Typ (Neuner-Typ im Enneagramm): „Ich bin zufrieden"

Er hat nach dem Tod des Vaters folgende Strategie entwickelt: Um Gefühle nicht raus zu lassen, darf man auch keine Gefühle rein lassen; man darf sich nicht zu stark berühren lassen. Dafür muss man sich eine dicke seelische Haut zulegen, die durch eine dicke körperliche Haut entwickelt wird. Er will neue Verletzungen vermeiden, um die alten nicht aufzureißen. Schutzmechanismen entwickeln, ist seine Devise. Dafür lässt er seine Haut undurchdringlich werden, er reduziert seine Ansprüche und Bedürfnisse, wird gelassen und gleichgültig gegenüber dem, was um ihn her vor sich geht, gibt sich mit wenigem zufrieden, und so erscheint er als ausgeglichener, gelassener Mensch, ideal als

Schiedsrichter, weil er sich nicht parteiisch mit seinen Gefühlen engagiert. Für seine Umgebung ist er der „coole Typ".

(9) Der Bauch-Kopf-Typ (Einser-Typ im Enneagramm):
  „Ich habe recht"

Bei ihm spielt der Zorn über eine Welt, in der einem Kind der Vater wegstirbt, eine entscheidende Rolle. Er versucht mit der Kraft seines heiligen Zorns diese Welt neu und besser zu gestalten. Er ist sensibel geworden für alles Unvollkommene in der Welt, für alle ihre Defizite, für alles was irgendwie mit schuldig sein könnte, dass so etwas wie der Tod eines Vaters geschehen kann. Diese Welt muss unbedingt verbessert werden. Man muss sich anstrengen, alle Schwachpunkte in dieser Welt zu sehen und zu analysieren und die Wege der Reform entwickeln und verwirklichen. Nörgeln und kritisieren können bei ihm grenzenlos werden. Aber verbunden mit kreativen Fähigkeiten werden diese Sensibilitäten einen großen Reformer aus ihm machen können. Sein Idealismus kann den Zorn über eine unvollkommene Welt kompensieren.

6. Sehnsuchtshand in der Kindheit

Sehnsucht entsteht vor allem, wenn wichtige seelische Bedürfnisse unbefriedigt bleiben, wenn zum Beispiel die Eltern oder auch nur ein Elternteil das Bedürfnis des Kindes nach Zuwendung und Achtung nicht erfüllen. Bei diesen fundamentalen Bedürfnissen geht es für ein Kind um das Bejaht- und Angenommen-Sein, um das Dazugehören-Dürfen und damit um die Grundfrage der Daseinsberechtigung. Hier geht es also nicht um irgendwelche konkreten Wünsche, sondern es geht um das Ganze des Daseins und um einen guten seelischen Platz für sich in der Welt.

Wenn dieses grundsätzliche Bedürfnis nach Angenommen-Sein nicht befriedigt wird, entwickelt das Kind eine Sehnsuchtshaltung. Das ist eine unsichtbare, seelische Hand, die ausgestreckt und dem Menschen geöffnet hingehalten wird, von dem man Zuwendung und Achtung erwartet. Diese ausgestreckte innere Sehnsuchtshand gibt es nicht nur bei Kindern, bei denen ein Elternteil abwesend oder unerreichbar ist, sondern auch, wenn man zwar Zuneigung bekommt, aber nur insoweit geliebt und geachtet wird, wie man in das Erwartungskonzept der Eltern hinein passt, während die eigene Originalität bzw. das Provozierende im Kind von den Eltern übersehen, verdrängt oder unterdrückt wird.

Die Sehnsucht richtet sich also nicht nur auf das äußere Wahrgenommen-Werden und Dazugehören-Dürfen, sondern auch auf das Wahrgenommen-Werden und Dazugehören-Dürfen mit dem, was einen innerlich mit dem eigenen Wesen und der eigenen Originalität ausmacht, mit dem eigenen Temperament und Charakter, mit den eigenen Gefühlen und Meinungen.

Leider ist es auch in unserer Zeit noch keineswegs allen Eltern bewusst, dass die Zuwendung nur eines Elternteils für ein Kind nicht ausreicht; es will von beiden wahrgenommen und angenommen sein, es will in den Herzen beider einen guten Platz bekommen und dort auch mit seinem seelischen Entwicklungsweg Spuren hinterlassen dürfen und auf diesem Weg von beiden begleitet werden.

Auch wenn ein Elternteil dem Kind sehr viel Zuwendung schenkt, kann es trotzdem eine „Sehnsuchtshand" entwickeln, wenn es die Zuwendung und Auseinandersetzung mit dem anderen Elternteil vermisst.[4]

Ein Kind, das jahrelang mit einer solchen ausgestreckten Sehnsuchtshand lebt, wird in seinem ganzen Wesen und Charakter davon geprägt. Es entwickelt eine seelische Offenheit und eine Aufnahmebereitschaft als einen Dauerzustand, der verhindert, dass es sich in rechter Weise auch zu schließen und zu schützen lernt. Im Bild gesprochen: Sein seelisches Haus hat eine weit geöffnete Tür. Es wird ständig jemand erwartet. Der Bewohner dieses Hauses schaut ständig zum Fenster hinaus, weil er ununterbrochen auf den Empfang eines lang ersehnten Gastes eingestellt ist. So kümmert er sich zu wenig darum, wie es in seinem Haus aussieht, welche Schätze dort vorhanden sind oder welche Unordnung dort herrscht. Er ist in seiner Aufmerksamkeit, in seinen Interessen und Aktivitäten stark nach außen orientiert und nimmt das Innenleben seines Hauses nicht sehr ernst. In seiner persönlichen „Außenpolitik" entwickelt er wesentlich mehr Lebendigkeit und Kompetenz als in seiner „Innenpolitik".

Ohne nachträgliche seelische Bearbeitung bleibt ein solcher Mensch in einer ständigen Erwartungshaltung nach außen, d. h. auf seine Mitmenschen gerichtet, hat einen ständigen seelischen Hunger nach Anerkennung und Beachtung und bleibt damit in einem Kind gemäßen seelischen Muster, da das Kind das aufnehmende und empfangende Wesen schlechthin ist, das erst langsam lernen muss, sich rechtzeitig auch zu schließen und zu schützen.

Seine Mitmenschen fühlen sich durch ihn oft überfordert und haben den Eindruck, dass sie ihm nichts recht machen können. Als Vorgesetzter bringt er sich selbst und seine Mitarbeiter an die Grenzen der Leistungsfähigkeit und ist auch bei größtem Erfolg nicht zufrieden. Denn er versucht unbewusst, seinen seelischen Hunger aus der Kindheit mit materiellen Dingen und äußerem Erfolg zu stillen.

Aber es ist nicht möglich, diese beiden Ebenen zu vertauschen. Seelischen Hunger mit materiellen Werten stillen zu wollen, macht uns grenzenlos gierig und unersättlich und führt nie zu einer inneren Zufriedenheit. Geizige und habsüchtige Menschen haben den Ursprung ihres Wesens in solchen Kindheitserfahrungen.

Aber es gibt viele andere Reaktionsmöglichkeiten auf dieses Problem. Denn in seelischen Dingen gibt es keine linearen Kausalitäten, nach dem Muster: Eine Ursache hat eine einzige (berechenbare) Wirkung. Wo der eine mit Geiz reagiert, reagiert der andere mit größter Freigebigkeit; vielleicht, weil er meint, dadurch von den Mitmenschen die ersehnte Anerkennung, die er in der Kindheit vermisst hat, nun in Form von Dankbarkeit zu erhalten.

Wer als Kind zu lange eine extreme Offenheit bewahrt, lernt zu wenig zu unterscheiden, was ihm gut tut bzw. was ihm schaden könnte, und er lernt zu wenig, in rechter Weise sich selber wahrzunehmen, sich zu spüren und zu schätzen und den Reichtum seiner eigenen Innenwelt zu entdecken. Er bleibt in einer inneren Warteposition, schaut zu wenig nach vorne in die Möglichkeiten des eigenen Lebens hinein, da er innerlich mit seiner Aufmerksamkeit und Sehnsucht nach rückwärts, d. h. in die Herkunftsgeneration gerichtet ist.

Die leer gelassene Sehnsuchtshand bewirkt einerseits eine große Empfindsamkeit und seelische Wachheit, andererseits aber oft auch eine Grundstimmung von Enttäuschung, Vergeblichkeit, Mutlosigkeit und Resignation. Solche Menschen haben auf Grund ihrer hohen Sensibilität und einer oft vorhandenen wehmütigen Grundstimmung nicht selten eine große Begabung im künstlerischen und musischen Bereich. Unter ihnen finden sich große Musiker und Schauspieler, aber auch die empfindsamen Gemüter, die für ihre Staralüren bekannt sind.

a) Sehnsuchtshand und Religion

Es gibt auch eine problematische religiöse Form der Kompensation dieser Sehnsuchtshaltung. Eine starke Sehnsucht richtet sich in diesem Fall so sehr auf das „Leben danach", dass eine weltflüchtige Jenseitsorientierung entsteht: Nach dem Tod wird in Form von himmlischer Belohnung das erwartet, was man hier nicht bekommen hat. Die Kraft und die Verantwortungsbereitschaft für die seelische Arbeit in diesem Leben wird dadurch geschwächt, Heilungsprozesse können sogar verhindert werden.

Depressive Stimmungen, Wehleidigkeit und Gereiztheit können bei Menschen mit solchem religiösem Hintergrund vorherrschen. „Adventliche Hoffnung", die sich als Ersatz für menschliche Zuwendung, die man als Kind vermisst hat, nur nach dem Jenseits ausstreckt, kann entmündigend und manchmal krank machend wirken, da sie den erwachsenen Menschen in einem kindlichen Muster verharren lässt.

Bei manchen Gläubigen entsteht dabei eine sehr starke, fast zwanghafte Religiosität, um sich die Erfüllung der kindlichen Sehnsucht wenigstens bei Gott im Jenseits zu sichern. Denn jeder Glaubenszweifel und jede Kritik an Religion oder Kirche könnte die Erfüllung der Sehnsucht, die man sich nach dem Tod bei Gott erwartet, gefährden.[5]

b) Sehnsuchtshand und Depression

Die leer gelassene Sehnsuchtshand ist eine mögliche Ursache für Depressionen. Das zeigt das Beispiel eines 30-jährigen Mannes, der auf Grund seiner depressiven Stimmungen innerlich so gelähmt war, dass er seine berufliche Arbeit nicht mehr ausüben konnte. In der Therapie stellte sich heraus, dass sein Vater, ein wortkarger und verschlossener Mensch, nie ein gutes Wort für ihn hatte. Die seelische Reaktion des Sohnes war nicht nur Traurigkeit und Sensibilität, sondern auch Zorn und Wut darüber, dass er vom Vater nicht wahrgenommen wurde, dass seine Hobbys ihm wichtiger waren als sein Sohn.

Das Gefühl der Sehnsucht ist aber auch etwas sehr Schönes, da sie die Hoffnung in sich birgt, doch einmal Erfüllung zu finden. Und so verbannte dieser Mann Zorn und Wut aus seiner Seele, da diese ja das Schöne am Sehnsuchtsgefühl und die Hoffnung auf Erfüllung zerstören könnten. Meist traut sich ein Kind nicht, dem Vater bzw. der Mutter gegenüber, deren Liebe es vermisst, Zorn zu zeigen, da ja dann zu befürchten wäre, dass man überhaupt keine Zuwendung mehr erfährt. Die unterdrückten aggressiven Gefühle aber blockieren den gesamten seelischen Energiehaushalt und führen zur Depression. Solche verdrängten Aggressionsgefühle können in unkontrollierten, überraschenden Wutäußerungen in unpassenden Situationen hervorbrechen und bewirken dann Unverständnis und Ablehnung.

c) Sehnsuchtshand und Fremdenhass

Die unerfüllte Sehnsuchtshand kann aber auch zur Idealisierung der unerreichbaren, ja sogar der verachteten oder gefürchteten Eltern führen. Denn das Kind liebt die Eltern immer. Deshalb schaffen es manche Kinder, die Realität des Allein-gelassen-werdens oder des Verletzt-werdens von Seiten der Eltern so zu verdrängen und mit der Fantasie des Geliebt-seins zu ersetzen, dass sie später ihren Eltern gegenüber keinerlei Groll empfinden, sondern die angestaute Enttäuschung und Wut nach außen projizieren gegenüber Menschen, die nicht zur Familie gehören. Es können dadurch starke Feindbilder gegenüber Fremden oder auch gegenüber gesellschaftlichen Minderheiten entstehen. Der Fremdenhass hat in solchen lebensgeschichtlichen Mustern oft seine seelische Ursache.

Die kollektiven Aggressionen gegen Ausländer, gegen Juden, gegen Andersgläubige usw. gehen also oft von Menschen aus, die eine unerfüllte Sehnsuchtshand in sich tragen. Ein Teil der Kinder, die im ersten Weltkrieg ihre Väter vermissten oder gar verloren, waren die Menschen, die zwanzig Jahre später einen Ersatzvater im „Führer" zu finden glaubten, der ihnen das „Heil" verhieß, das sie in der Kindheit vergeblich ersehnten und der ihnen auch erlaubte, in Formen der Gewalttätigkeit ihren verdrängten Zorn abzureagieren.

d) Sehnsuchtshand und Partnerschaft

In der Partnerschaft können sich Menschen mit einer unerfüllten Sehnsuchtshand sehr intensiv verlieben, denn die Partnerliebe ist bei ihnen mit der kindlichen sehnsuchtsvollen Liebe gegenüber einem unerreichbaren Elternteil vermischt. Der Partner wird somit zur Verheißung, dass all das, was man als Kind ersehnt und vermisst hat, jetzt noch Erfüllung findet. Aber der Partner solcher Menschen wird dadurch überfordert, denn die kindliche Liebe zu Eltern ist seelisch etwas anderes als die partnerschaftliche Liebe.

Die vermisste elterliche Liebe lässt sich nur zum Teil nachholen. Die nicht erlebte elterliche Zuwendung erfordert später beim erwachsenen Menschen Trauerarbeit und Integration dieser belasteten Vergangenheit durch einen Weg der bewussten Schmerzannahme. Dadurch geschieht Befreiung zu Gunsten einer gesunden Partnerschaftlichkeit.

Wenn diese Trauerarbeit nicht geleistet wird, besteht die Gefahr, dass die Ehe solcher Menschen ein sehr leidvolles Wechselspiel zwischen tiefer Sehnsucht und Zuneigung füreinander und sehr verletzender und enttäuschender Verhaltensweisen wird. Denn der Partner wird irgend wann zur Projektionsfläche des in der Kindheit nicht erreichten Elternteils. Er bekommt den Zorn und die Verachtung zu spüren, die der andere als Kind gegenüber dem abwesenden Vater bzw. der abwesenden Mutter verdrängte und er kann immer wieder die Intensität der Sehnsucht und Zuneigung erleben, die in der Kindheit seines Partners keine Erfüllung fand.

Da Personen mit einer innerlich ausgestreckten Sehnsuchtshand meist zu wenig gelernt haben, sich in rechter Weise zu schützen und ihre „seelische Haut" zu schließen, sind sie in Konflikten besonders verletzbar und können deshalb auch selbst sehr beleidigend und verletzend reagieren. Oft setzen sich die verletzenden Seiten durch, und doch können sich solche Partner nur sehr schwer voneinander trennen, denn in der Trennungsphase beginnt gewöhnlich wieder die Sehnsucht und Hoffnung überhand zu nehmen. So hängen sie aneinander, überfordern sich gegenseitig mit ihren überzogenen Erwartungen und zerfleischen sich seelisch gegenseitig in einem traurigen, leidvollen Liebeskampf.

Die gewaltige Energie, mit der sich solche Menschen suchen und verletzen, ist zu verstehen, wenn man die Bedeutung der unerfüllten kindlichen Sehnsucht bedenkt. Denn es geht dabei um das fundamentale Bedürfnis des Kindes, äußerlich und dann auch innerlich wahrgenommen zu werden und von den Eltern angenommen zu sein; es geht darum zu spüren, dass man ein grundsätzliches Lebensrecht und einen guten seelischen Lebensplatz auf der Welt hat; es geht deshalb seelisch um Sein oder Nicht-Sein, es geht um „Alles". Deshalb die Wucht und Intensität dieser Energien, wenn sie auf den Lebenspartner projiziert werden.

Manchmal heiratet eine Person mit einer unerfüllten Sehnsuchtshand einen Partner, der seelisch oder körperlich unerreichbar ist wie der Elternteil, den man in der Kindheit vermisste. Typisch dafür ist, wenn eine Frau, die in der Kindheit die Zuwendung des Vaters vermisste, einen Mann heiratet, mit dem sie aus beruflichen Gründen nur eine Wochenend-Ehe führen kann. Häufig suchen sich Menschen einen Ehe- oder Lebenspartner, durch den sie den Schmerz und das Problem ihrer Kindheit wiederholen, in dem unbewussten und oft geradezu verzweifelten Versuch, im zweiten Anlauf das Problem der Kindheit zu lösen.

Besonders schmerzhaft wurde dieses unbewusste Verhaltensmuster bei einem Mann sichtbar, der nach einigen Ehejahren seiner Frau gestand, dass er beim Sex mit ihr an andere Frauen denke. Dies hat seine Frau so sehr enttäuscht und verletzt, dass sie sich ihm jahrelang entzog. In der Therapie stellte sich heraus, dass der Mann in der Kindheit von der Großmutter erzogen worden war, weil seine Mutter aus beruflichen Gründen für die Kinder nicht da sein konnte. Während sein Bruder wesentlich mehr Kontakt zu seinem Vater finden konnte, war ihm kaum Kontakt zu einem Elternteil möglich. Diese jahrelange unerfüllte Sehnsucht nach seinen Eltern konnte seine Ehefrau nicht stillen. Und sie wussten beide nicht, dass sich die Muttersehnsucht des Mannes zu unerreichbaren fantasierten Frauengestalten hinwenden kann. Die fremden Frauen, an die er im sexuellen Zusammensein mit seiner Ehefrau dachte, waren Symbole für seine Mutter. Aber dadurch, dass er seine Frau dazu brachte, sich ihm zu entziehen, wiederholte er den alten Schmerz, den er erlebte, als sich seine Mutter in seiner Kindheit entzog.

Bei manchen Personen mit einer unerfüllten Sehnsuchtshand aus der Kindheit entsteht später in der Partnerschaft das Problem, dass der wirklich Liebenswerte immer der Unerreichbare ist; dass der, den man mit großer Liebe geheiratet hat, plötzlich nicht mehr liebenswert erscheint. So bei jener Frau, die den Mann, in den sie sich verliebte, auch heiratete. Aber als sie nach wenigen Monaten feststellen musste, dass jeder Funke der Zuneigung in ihr zu ihm erloschen war, ließ sie sich wieder scheiden. Nachdem sie getrennt waren, spürte sie wieder Zuneigung und Sehnsucht für ihn. Sie lud ihn ein und da er sie auch noch liebte, besuchte er sie. Noch während seiner Anwesenheit spürte sie, wie die Liebe zu ihm wieder schwand.

Solche Menschen bekommen wegen ihrer emotionalen Unsicherheit und Unbeständigkeit oft tiefe Minderwertigkeitsgefühle. Sie fühlen sich unfähig zu lieben und haben gleichzeitig eine unendliche Sehnsucht nach Liebe und danach, ihre Liebe verschenken zu können. Sie sind hin und her gerissen zwischen kurzen intensiven Glücksgefühlen und Stimmungen innerer Verwirrung oder Leere.

e) Sehnsuchtshand und Dreiecksbeziehungen

Nicht immer schwindet die Liebe so schnell wie im genannten Beispiel. Bei manchen zeigt sich die unerfüllte Sehnsuchtsliebe aus Kindertagen in der späteren Ehe als eine Zuneigung, die sich einem Partner außerhalb der Ehe zuwendet. Die bisherige Ehe wird aber trotzdem aufrecht erhalten. Die Beziehung zu einem Menschen, den man nur immer vorübergehend erleben kann, vergegenwärtigt die schönen Sehnsuchtsgefühle aus der Kindheit und ist gleichzeitig ein Stück Erfüllung dafür. Dadurch entstehen oft jahrelang anhaltende Dreiecksbeziehungen. Die größte Liebe gehört also einem Nicht-Anwesenden, einem nur schwer oder wenig erreichbaren Menschen.

Manche lassen aber auch die ganze Familie hinter sich und beginnen ein „neues Leben", d. h. eine neue Kindheits- und Jugendentwicklung. Man will die sich bietende Chance, die unerfüllte Sehnsucht der Kindheit jetzt nachzuholen, nicht vorübergehen lassen. Alle unerfüllten Hoffnungen und Bedürfnisse der Kindheit werden sich auf diesen geliebten Menschen hinwenden und von ihm Erfüllung und damit die Stillung jahrelanger seelischer Schmerzen erhoffen.

f) Sehnsuchtsprojektionen in der Therapie

Therapeuten erfahren dieses Problem in ihrer Arbeit in der Form oft sehr heftiger Projektionsgefühle von Seiten ihrer Klienten. Ähnlich erleben dies auch Seelsorger bei manchen Menschen, die um seelsorgliche Hilfe bitten. Als unerreichbarer Vater-Ersatz ist man für Personen mit einer unerfüllten seelischen Sehnsuchtshand besonders attraktiv und begehrt, da man noch dazu durch einfühlsame Gesprächsbereitschaft die Hoffnung auf die Erfüllung jahrelanger kindlicher Sehnsüchte weckt. Endlich einmal ernst genommen werden und Verständnis erleben dürfen für die eigenen sehr persönlichen Ängste und Leiden, für die eigenen Fehler und Hoffnungen – wie sollte man da nicht mit tiefen Glücksgefühlen und mit einem grenzenlosen Vertrauen, wie es einer guten Kind-Eltern-Beziehung angemessen ist, reagieren.

Nur erkennen viele Klienten nicht, dass sie dabei in die Kinderrolle gehen und dies auch dürfen, sondern sie glauben sich in der Erwachsenen-Rolle und verwechseln die berechtigten kindlichen Gefühle, denen der Therapeut zur Welt zu kommen verhilft, mit partnerschaftlichen Gefühlen.

g) Sehnsucht bei seelischer Vereinnahmung

Während die Seele eines Kindes mehr auf Empfangen als auf Geben eingestellt ist, braucht das gesunde Erwachsenen-Ich eine Balance, einen Ausgleich zwischen Empfangen und Geben, sonst entstehen innere Ungleichgewichte und Spannungen.

Die kindliche Seele kann aber aus der ihr angemessenen Rolle des Empfangenden heraustreten, wenn sie ein starkes inneres Leiden oder eine starke Liebesbedürftigkeit bei einem Elternteil spürt. Dann gerät das Kind in eine Mutter- oder Vater-Rolle für ein Elternteil, also in eine gebende Rolle. Die Aufmerksamkeit des Kindes wird sich zum Leben eines bedürftigen Elternteils hinwenden. Das Engagement des Kindes besteht vor allem in einem starken Mitgefühl mit den Gefühlen dieses Elternteils. Bei einem Kind ist dies aber nicht nur ein Mitgefühl wie bei einem erwachsenen Menschen, sondern es übernimmt diese Gefühle u. U. so total, dass es nicht mehr unterscheiden kann zwischen Fremd-Gefühl und eigenem Gefühl.

Wenn nun das Kind mit seinem zarten, kindlich-unentwickelten Ich kaum wahrgenommen wird, weil z. B. ein Elternteil mit einer starken Sehnsucht und seelischen Bedürftigkeit an das Kind herantritt, dann hat das Kind große Schwierigkeiten, sich selbst wahrzunehmen, sich mit der Bandbreite seiner eigenen Gefühle zu zeigen und zu behaupten.

Später entsteht wegen dieses seelischen Vakuums ein starker Sog nach Liebe, den man selbst nur schwer verstehen kann, mit dem man nicht umzugehen weiß. Man erlebte ja in der Kindheit eine große Zuneigung und Wertschätzung durch ein Elternteil, man war ganz wichtig und bedeutungsvoll, man war schon ein wenig erwachsen – aber leider nur in einer Eltern-Ersatzrolle, man war mehr „gebraucht" als wirklich ernst genommen mit seinem eigenen Wesen. Man wird besonders sensibel, einfühlsam und verständnisvoll für andere Menschen, man erscheint als Kind schon ungewöhnlich „vernünftig", weil man ja die kindliche Unbekümmertheit und spielerische Kindlichkeit schon aufgibt zu Gunsten einer „größeren" Aufgabe.

Anderen Menschen in ihrer Not und Sorge beizustehen, sich in ihre Probleme hineindenken können, sofort stand-by zu sein, wenn einer um Hilfe schreit, das haben solche Menschen von klein auf gelernt. Wenn Not am Mann ist, freizügig zu helfen, das können sie; aber wenn sie selbst in Schwierigkeiten sind, reagieren sie ängstlich, überfordert und hilflos. Sich selbst ernst zu nehmen, für sich selbst gut zu sorgen, eigene Probleme zu durchdenken und einen Lösungsweg zu organisieren, das haben sie nicht gelernt; sich selbstkritisch zu betrachten und zu verstehen, das hat man in der Kindheit nicht üben können.

Eigene Schwierigkeiten werden eher verdrängt und weg- und hinausgeschoben, Hauptsache, man ist für andere da, kann ihnen beistehen und dadurch sich lebendig und sinnvoll erleben. Dafür hat man als Kind Zuneigung und Anerkennung bekommen und dafür erwartet man sie auch noch im Erwachsenenalter. Erzieherinnen, Sozialarbeiter und Pfarrer haben oft die dafür typischen Kindheitserfahrungen in sich.

Ein Kind spürt nach einiger Zeit, ob es im Anders-Sein seines Lebens wahrgenommen und geachtet wird oder nur dafür „gebraucht" wird, seelische Bedürfnisse von Erwachsenen zu befriedigen. Aber die Trauer, die Enttäuschung, die ungestillte Sehnsucht, die dabei entstehen, werden meist verdrängt und auf eine spätere Lebensphase verschoben. Und dieser Schmerz und Hunger aus Kindertagen kann später im Erwachsenenalter wieder aufbrechen und sich in ungewöhnlichen Ansprüchen und überzogenen Bedürfnissen äußern. Man will noch einmal ein Kind sein und dadurch die Familie oder den Partner in eine extreme Geber-Rolle drängen.

Das Ich, das sich in seiner Originalität nicht geachtet erlebt, bleibt „klein", schüchtern und hat Angst, sich zu zeigen mit seiner Innenwelt.

Solche Menschen erzählen von ihrer glücklichen Kindheit und tragen eine tiefe Trauer und Unzufriedenheit in sich und entwickeln dabei oft ganz merkwürdige Feindbilder.

Es gehört zu den wichtigsten seelischen Hausaufgaben, unerfüllte Sehnsuchtshaltungen bei sich zu entdecken, sie sich klar bewusst zu machen und sie durch angemessene Trauerarbeit und durch ein rechtes Wohnen-Lernen in der eigenen Haut so weit aufzulösen, dass sie nicht mehr negativ wirken.

Dadurch wird die Sehnsuchtsenergie nicht völlig beseitigt. Sie kann aber nun als feines Sensorium der menschlichen Seele die Unzulänglichkeiten unseres persönlichen und gesellschaftlichen Lebens aufspüren, kann schöpferische Visionen und Verhaltensmodelle entwickeln im Dienst an einer menschlicheren Welt. Menschen mit „geheilten" Sehnsuchtsenergien sind oft spirituell wichtige Wegweiser und Helfer in persönlichen Nöten der Mitmenschen. Manche übernehmen gesellschaftliche Verantwortung und engagieren sich überall dort, wo fundamentale menschliche Bedürfnisse gefährdet sind. Die kultivierte Sehnsucht ist wohl die stärkste Triebfeder sowohl einer gesunden Religiosität wie auch eines Fortschritts der Menschlichkeit und des kreativ-künstlerischen Schaffens, um der Seele zu helfen „zur Welt zu kommen".

Zusammenfassung möglicher Ursachen, warum ein Kind für sein späteres Leben eine ausgeprägte „Sehnsuchtshand" entwickeln kann

1. Wenn es von einem Elternteil zu wenig Zuwendung bekommt:

– wenn es von den Eltern (oder von einem Elternteil) nicht geliebt, nicht angeschaut, nicht angelächelt, nicht angesprochen wird;
– wenn es von den Eltern als Säugling an Großeltern, an Pflegeeltern oder Adoptiveltern weg gegeben wird;
– wenn es von den Eltern ständig geschimpft oder zurechtgewiesen wird, kein Lob und keine Anerkennung erfährt;
– wenn ein Elternteil sehr streng und in seinen Gefühlen nicht sichtbar ist.

2. Wenn es von einem Elternteil körperlich oder/und seelisch nicht geachtet wird:

– wenn ein Elternteil seine Aggressionen am Kind abreagiert und es schlägt;
– wenn ein Elternteil das Kind abwertet und verachtet: (*„aus dir wird nichts"*, *„jetzt wirst du schon wie dein Vater"*);
– wenn das Kind sexuell missbraucht wird;
– wenn das Kind in eine extreme Helferrolle für die Eltern oder für ein Elternteil gerät;
– wenn das Kind extrem verwöhnt wird und sein „Anders-sein" nicht wahrgenommen wird;
– wenn ein Elternteil nicht Nein sagen kann;
– wenn ein Elternteil leidet und das Kind soll ihm auf Dauer Lebensfreude und Lebenssinn schenken.

3. Wegen Partnerproblemen der Eltern:

– wenn die Eltern sich ständig streiten;
– wenn die Eltern sich trennen oder sich scheiden lassen und ein Elternteil sich um das Kind nicht kümmert;
– wenn ein Kind in die Konflikte der Eltern mit hinein gezogen wird.

4. Wegen schicksalhafter Belastungen:

– wenn ein Elternteil stirbt;
– wenn ein Elternteil lange abwesend ist (im Krieg, Arbeit im Ausland, ...) und keine Kommunikation besteht (oder nur die Mutter mit dem Vater telefoniert);
– wenn der Vater im Krieg vermisst ist (bewirkt extremste Formen von „Sehnsuchtshand"!);
– wenn ein Elternteil lange krank ist und sich um Kinder nicht kümmern kann;
– wenn ein anderes Kind ständig krank oder behindert ist, die Eltern deshalb stark belastet sind und die anderen Kinder in ihrer seelischen Entwicklung kaum mehr wahrnehmen;
– wenn ein anderes Kind gestorben ist und die Eltern das Kind nicht loslassen können (das nächste Kind kann sich als Last für die Mutter empfinden und hat den Eindruck, dass es nicht mehr wahrgenommen wird).

5. Wegen Belastungen aus der Lebensgeschichte der Eltern:

– Kinder können die aktuelle Sehnsucht eines Elternteils oder eine ausgeprägte Sehnsuchtshand aus deren Kindheit übernehmen.

7. Die Seele des Kindes ist der Zufluchtsort für die seelischen Verdrängungen der Eltern

Da das Kind dem gemeinsamen seelischen Raum der Eltern angehört, hat es auch Zugang zu den jeweiligen individuellen seelischen Räumen von Vater und Mutter und kann deshalb spüren, was Vater und Mutter seelisch belastet. Andererseits können seelische Energien der Eltern, die von ihnen verdrängt, innerlich abgewertet oder bekämpft werden, in den schwächsten Teil der elterlichen Seele, d.h. in die Seele des Kindes ausweichen. Dort können sie durch das Kind ausgedrückt werden und so zur Welt kommen oder werden auch wieder verdrängt und wirken dann in der Seele des Kindes noch lähmender oder belastender als in der Seele der Eltern, da das Kind diese Gefühle nicht mit konkreten Erlebnissen in Beziehung bringen kann.

a) Verdrängungen im aktuellen Leben

Wenn ein Vater in der beruflichen Arbeit Ungerechtigkeit erlebt und den Ärger darüber nicht mit Vorgesetzten oder Kollegen bespricht, auch nicht zum Betriebsrat geht oder wenigstens mit der Ehepartnerin nach konstruktiven Vorgehensweisen sucht, dann wird er seine Gefühle verdrängen und innerlich abwürgen. Sein Ärger, sein Zorn, seine Wut landen leicht in der Seele seines Kindes und belasten es innerlich wie ein Fremdkörper, da es die Entstehungsgeschichte dieser Gefühle nicht kennt und deshalb keine Chance besteht, konstruktiv damit umzugehen.

Diese Erwachsenen-Gefühle sind im Kind oft mächtiger, als die originalen Gefühle des Kindes selbst. Diese werden verdrängt und haben keinen Raum, sich zu entfalten und verstanden zu werden. Noch vor der Entwicklung des kindlichen Ichs wird seine Seele bereits besetzt von den verdrängten Seelenteilen der Eltern. Als der wehrloseste Teil der Seele der Eltern wird das Kind zu einer Art „Geburtskanal" für die verdrängten Seelenteile seiner Eltern, um diese „zur Welt kommen zu lassen", um diese auszudrücken oder aber einen „Abstellplatz" dafür zu liefern.

Die Selbstfindung des kindlichen Ichs wird dadurch belastet oder gar blockiert. Je mehr die Eltern darauf achten, ihre Gefühle selbst auszudrücken und damit verantwortlich mit ihren seelischen Energien und Signalen umzugehen, desto besser schützen sie ihr Kind davor, von ihren unaufgearbeiteten seelischen Belastungen überflutet und besetzt zu werden. Auch was in der Beziehung der Eltern zueinander an Trauer und Schmerz, an Zorn und Wut, an Zuneigung und Sehnsucht nicht ausgedrückt, sondern in die unbewussten Schichten der Seele abgedrängt wird, kann in der kindlichen Seele landen.

Das kann sich dann so auswirken, wie bei einem Ehepaar, bei dem die Frau sich vom Mann trennen wollte, weil sie ihm nichts recht machen konnte. An allem hatte er etwas auszusetzen, wenn er abends von der Arbeit heim kam: an ihrem Haushalt, an ihrer Kindererziehung, am Essen, an ihrem Aussehen. In einem Beratungsgespräch wurde ihr empfohlen, an einem oder zwei Konfliktpunkten konsequent zu versuchen, mit ihrem Mann einen Kompromiss zu erkämpfen und sich so ein Stück in der Partnerschaft zu behaupten. Nach einigen Wochen, nachdem ihr dies tatsächlich gelungen war, stellte sie fest, dass ihre beiden Kinder wesentlich weniger miteinander stritten, und viel öfter friedlich miteinander spielen konnten. Bisher war die verdrängte Wut der Mutter in der Seele ihres kleinen Sohnes gelandet und dieser reagierte sie an seiner Schwester ab.

Wenn Eltern ihre „seelischen Hausaufgaben" selber erledigen, vor allem auch die partnerschaftlichen, dann geht es den Kindern gut, dann fühlen sich diese frei und haben nicht den inneren Druck in sich, Aufgaben erledigen zu sollen, die für sie nicht lösbar sind. Denn solche übernommenen Gefühle aus der Seele der Eltern werden in den Seelen der Kinder zu einer „unendlichen Geschichte". Wer sich in seiner Lebensgeschichte davon nie lösen kann und die seelischen Zusammenhänge nie durchschaut, kann sein ganzes Leben lang vergeblich und verbissen versuchen, die nicht gelösten Probleme seiner Eltern stellvertretend zu lösen. Dies schafft nicht selten langfristig eine seelische Grundstimmung der Vergeblichkeit und Minderwertigkeit.

Manche Geschwister sind deshalb jahrzehntelang miteinander verfeindet oder können zumindest nicht offen miteinander reden, weil sie den Ehekonflikt der Eltern auf der Geschwisterebene übernommen haben und weil unter Umständen der eine unbewusst stellvertretend Rache zu nehmen versucht für die ungerechte Behandlung des Elternteils, mit dem er sich seelisch verbunden fühlte.

b) Verdrängungen aus der Kindheit der Eltern

In der Seele des Kindes landen nicht nur verdrängte Gefühle wie Wut, Trauer usw. aus der aktuellen Lebenssituation der Eltern, sondern die Ereignisse, die solche Gefühle auslösten, können weit zurückliegen, z.B. in der Kindheit der Eltern. Wenn diese in der Kindheit durch Schicksalsschläge (Tod eines Elternteils, Kriegsaufenthalt des Vaters, Tod einer Schwester oder eines Bruders usw.) oder durch Misshandlungen, Vernachlässigungen, Missbrauch usw. seelisch überfordert oder verletzt wurden, haben sie die dabei entstehenden Gefühle des Zornes oder der Trauer meist verdrängt und nicht ausgedrückt.

Verdrängte Gefühle können am unangemessenen Ort, zu unangemessener Zeit, gegenüber nicht zuständigen Menschen hervorbrechen und in destruktiver Form zur Welt kommen, sie können auch in der Seele eines Kindes dieser erwachsenen Menschen landen.

Wenn man als heranwachsender oder erwachsener Mensch extreme Gefühle erlebt, ist es hilfreich, die Lebensgeschichte der Eltern und besonders deren Kindheit zu bedenken, um zu erkennen, welche Überforderungen und Verletzungen sie erlebt und wahrscheinlich verdrängt haben und welche dieser ungelebten Energien der Eltern in der eigenen Seele gelandet sind.

Deshalb arbeitet die Familientherapie gewöhnlich mit drei Generationen, um die Herkunftsfamilie der Eltern zu verstehen. So geraten die Eltern nicht in eine problematische Schuldrolle, sondern werden in der Betrachtung ihrer eigenen Kindheit auch als Opfer der Umstände gesehen. Die Gefühlsenergien aus der Zeit der Kindheit der Eltern sind nicht selten der Schlüssel für das Verständnis der seelischen Probleme ihrer inzwischen erwachsenen Kinder.

c) Verdrängung einer Person im Verwandtschaftssystem

Ein Mensch kann nicht nur Gefühle und die damit zusammenhängenden Ereignisse seiner Lebensgeschichte innerlich verdrängen und damit unbewusst verachten, sondern auch einen Menschen insgesamt, z.B. wenn er ein Mitglied der Familie oder der näheren Verwandtschaft nicht leiden kann, diesen Menschen verachtet, ihn zum Sündenbock erklärt, ihn nicht zur Kenntnis nimmt oder ihn einfach vergisst. Das sind alles Formen einer inneren Verweigerung, ihn zur Familie bzw. zur Verwandtschaft seelisch dazu gehören zu lassen.

Nun haben aber Kinder nicht nur eine gemeinsame Seele mit ihren Eltern, sie haben auch ein waches Gespür dafür, wo es in den Seelen von Vater und Mutter gegenüber den Personen der gesamten Verwandtschaft Achtung oder Verachtung gibt. Sie kommen offensichtlich mit einem Glauben an die Achtungswürdigkeit eines jeden Menschen zur Welt und spüren, wenn es in den Herzen von Vater und Mutter Verachtung gegenüber irgendeinem Menschen gibt. Am stärksten wirken diese Kräfte innerhalb des Familiensystems. Für manche Kinder ist es unerträglich, dass im näheren Verwandtschaftsbereich jemand zu wenig geachtet wird und ihm damit das wichtigste Bedürfnis, nämlich das Dazugehören-Dürfen, verweigert wird.

So findet der ungeliebte Mensch in diesem Kind einen überraschenden Solidarpartner. Das Problem für das Kind aber besteht darin, dass es sich in dieser Form unbewusster Liebe für einen besonders liebesbedürftigen Menschen innerlich so sehr mit fremden seelischen Energien besetzen lässt, dass das eigene Ich nur noch wenig Raum hat, sich zu entfalten, sich zu unterscheiden von anderen und zu sich selbst zu finden.

Das Kind opfert auf diese Weise die eigene Ich-Entwicklung, die Geburt des eigenen Ichs für die Anerkennung eines schwierigen Menschen im Verwandtschaftssystem. Leider gelingt dieser Erlösungsweg durch das Kind gewöhnlich nicht. Es gerät auf diese Weise selbst in die Rolle eines „schwierigen Kindes", lädt sich dadurch unter Umständen auch die Verachtung der anderen auf und verdoppelt nur das Problem, statt es zu lösen.

Ein Lösungsweg würde sich öffnen, wenn die Eltern diese unbewusste Form der Liebe des Kindes verstehen würden, wenn sie den Hilfeschrei des Kindes zu Gunsten eines Verachteten erkennen und in ihrem eigenen Herzen den Weg suchen würden, die Verachtung gegen ihn in sich zu überwinden.

Ein Kind braucht also nicht nur die Achtung und Wertschätzung der Eltern für sich selber, sondern auch die Sicherheit, dass die Eltern in sich jede Verachtung gegenüber einem anderen Menschen und besonders gegenüber den Verwandten in ihrem Herzen und Denken überwinden.

Aufhebung der Verachtung setzt im gesellschaftlichen Bereich die Aufhebung von ungerechten Verhältnissen, von entmündigenden und demütigenden Herrschaftsstrukturen voraus. Achtung im zwischenmenschlichen Bereich aber setzt voraus, dass man sich schützen kann vor besserwisserischem Sich-einmischen, vor Gängelung und Bevormundung durch andere.

Beispiele für die Verdrängung einer Person im Verwandtschaftssystem verdeutlichen diesen von der Familientherapie aufgedeckten Sachverhalt:

Die Eltern eines heranwachsenden Jugendlichen kommen mit ihrem Sohn nicht mehr zurecht; er sei gereizt und aggressiv und lasse sich von den Eltern nichts mehr sagen.

Im Gespräch stellt sich heraus, dass der Vater seinen eigenen Bruder zutiefst verachtete. Dieser Bruder war der Haupterbe in der Familie, die von einer Landwirtschaft lebte, und in der fünf Söhne aufwuchsen. Der Haupterbe war Alkoholiker und ruinierte damit seine berufliche Existenz; am Ende verkaufte er den landwirtschaftlichen Betrieb und damit die „Heimat" der Geschwister. Aber deren Kinder spüren in den Seelen ihrer Väter die Verachtung und versuchen unbewusst dem Verachteten beizustehen, in dem sie sich seinen seelischen Energien öffnen und ihn so vergegenwärtigen. Auch in diesem Fall dürfte der unerziehbare Sohn der genannten Eltern mit seinem verachteten Onkel identifiziert sein.

Schwierige Menschen sind als leidende Menschen zu verstehen, die Hilfe bräuchten, aber oft kennt man selbst keinen Weg der Hilfe. Wenn der Vater den Weg der Achtung gegenüber seinem Bruder findet, fühlt sich sein Sohn nicht mehr gezwungen, in unbewusster Liebe seinen Onkel zu vergegenwärtigen und kann dann wieder innerlich Raum bekommen, sich selbst, das eigene Ich mit seinen besonderen Kräften wahrzunehmen und zur Entfaltung zu bringen.

Achtung für einen Menschen drücken wir vor allem in unseren sprachlichen Formulierungen aus. Es ist ein entscheidender Unterschied, ob Eltern mit ihren Kindern über einen schwierigen Mitmenschen reden, indem sie Ausdrücke gebrauchen wie „der ist unfähig", „egoistisch", „minderwertig", „boshaft" usw. oder ob sie sagen, dass sie ihn „nicht immer verstehen", dass sie „sein Verhalten belastet", dass sie „sich über ihn ärgern", dass sie unter Umständen „nicht wissen, warum er sich so verhält", dass sie aber „meinen, nicht das Recht zu haben, über ihn zu urteilen".

In einem anderen Beispiel war die verachtete Person die Großmutter, verachtet von ihrer Tochter. Die Tochter war als Mädchen von ihrer Mutter gedemütigt, lächerlich gemacht und vernachlässigt worden. Die seelischen Verletzungen hatten ein Ausmaß erreicht, dass die Frau sich weigerte, auf die Beerdigung ihrer Mutter zu gehen. Für ihre eigene Tochter aber versuchte sie die optimale Mutter zu sein und lebte fast nur für sie. Ihre Tochter aber wurde im jugendlichen Alter so unzugänglich und abweisend, dass die Frau in ihrem mütterlichen Idealismus an die Grenzen der Verzweiflung geriet.

Auch hier führte die unbewusste Liebe der Enkeltochter gegenüber ihrer Oma zu einer Identifikation, die die eigene seelische Entwicklung erschweren, ja sogar blockieren kann. Die seelischen Blockaden müssen nicht immer nur die Kinder oder Enkelkinder tragen, auch der verachtende Mensch selber ist in seiner seelischen Entwicklung gehemmt und belastet damit sich und andere.

d) Gefühlsverdrängungen der Eltern wegen Gefühlsbewertung

Wir leben in einer Kultur mit einem gesellschaftlichen Wertesystem, in dem die menschlichen Gefühle in gut und böse eingeteilt wurden und zum Teil leider immer noch werden.

Ein zorniges Kind ist ein böses Kind, eine zornige Ehefrau ein Hausdrache. Still und ruhig zu sein, gefügig und gehorsam, unterwürfig und selbstlos, gilt als brav, als gut und anständig. Im gesellschaftlichen Bereich war es natürlich in der vordemokratischen Epoche für die Fürsten und Herrscher der Völker angenehmer und bequemer, wenn die Untertanen Gefühle des Zornes und der Entrüstung als unzulässig und verachtenswert betrachteten. Die kirchliche Verkündigung war viele Jahrhunderte eine entscheidende Stütze für dieses gesellschaftliche Wertesystem. Denn es galt im Christentum als die schlimmste Sünde von Anbeginn der Menschheit, ungehorsam, widerspenstig oder gar zornig zu sein. Noch heute gibt es kirchliche Gebetbücher, in denen Gefühlsenergien wie Zorn und Trotz einfachhin als Sünden bezeichnet werden.

Wenn bestimmte Gefühle, ob im aggressiven oder erotischen Emotionalbereich, als Sünden verteufelt und damit schon Kindern als gottwiderwärtig erklärt wurden, ja, wenn man mit solchen Gefühlen den Satan selbst in sich zu haben glaubte, war es nur konsequent, diese Gefühle in sich zu bekämpfen, zu verachten und zu unterdrücken. Aber nicht nur aggressive Gefühle waren und sind in vielen Kulturen der Welt verpönt und geächtet, sondern auch Gefühle wie Trauer, Hilflosigkeit, Unsicherheit, Scham und alle Gefühle, die mit Ohnmacht und Schwäche einhergehen.

Dabei gibt es eine gewisse „Arbeitsteilung" der Geschlechter: Den Männern wird ein gewisses Maß aggressiver Gefühle zugestanden, die selben Gefühle bei Frauen werden vom gesellschaftlichen Umfeld mit Entrüstung und Verachtung aufgenommen. Umgekehrt gesteht man den Frauen Tränen und Trauer, Schwachsein und Sich-hilflos-fühlen eher zu, während diese Gefühle bei einem Mann von der Umgebung mit Abwertung und Verachtung quittiert werden.

Die Bewertung der Gefühle führt dazu, dass der Mensch seine Seele zerstückeln muss. Er versucht seine seelischen Energien in akzeptable und unakzeptable einzuteilen. Damit geht die Angst vor dem inneren Auftauchen nicht akzeptierter Gefühle einher und vor allem davor, dass diese unkon-

trolliert aus ihm heraus treten und an die Öffentlichkeit ge-
langen könnten. Denn dies kann gesellschaftliche Verachtung zur Folge haben. Die seelische Geburt dieser Gefühle,
das zur Welt kommen dieser Kräfte aus dem Inneren, kann
panische Angst auslösen, kann Scham und Minderwertigkeitsgefühle verursachen, die meist mit der erbitterten Anstrengung beantwortet werden, diese Gefühle in sich zu
unterdrücken, ihnen den Zugang nach außen zu verwehren,
ja ihnen in sich selbst möglichst keinen Raum zuzugestehen.
Viel Energie wird dafür eingesetzt, in ständiger Wachheit
und Selbstkontrolle jedes noch so kleine Auftauchen solcher
Gefühle im eigenen Inneren kompromisslos abzuwürgen.

Auch dieses gesellschaftlich so übliche Verhalten kann
dazu führen, dass die verdrängten Gefühle in den Seelen der
eigenen Kinder landen.

e) Gefühlsverdrängung wegen entmündigen-
der Autorität

(Ausgeprägtes Gehorsamsdenken)

Nicht nur die Bewertung der Gefühle, auch eine Autoritäts-
erfahrung in der Kindheit, die stark von Gehorsamsdenken
geprägt war, führt zu deren Verdrängung. Denn Gehorsam
im traditionellen Verständnis bestand in der klaren Heraus-
stellung der Bedeutung des Gehörs. Man hatte auf die Auto-
ritätsperson, auf deren Befehle und Anweisungen zu hören
und das Gehörte zu befolgen. Das führt tendenziell dazu,
die Welt nur vermittelt über die Deutung der Autoritäts-
person wahrzunehmen und keine eigenständige Beziehung,
kein eigenständiges Verständnis von ihr zu entwickeln.
Dafür aber wäre der Einsatz aller Sinne notwendig.

Die Überbetonung des Gehorsams führt also zur Abwertung der eigenen unmittelbaren sinnlichen Wahrnehmung
der Welt, zur Abwertung der eigenen Verstandeskräfte,
durch die man eine eigenständige Interpretation der Welt

entwickeln könnte; zudem führt das Gehorsamsdenken zur Abwertung der eigenen seelischen Empfindsamkeit, mit der man über die aufgenommenen Sinneseindrücke eine eigenständige emotionale Beziehung zur Welt aufbauen könnte. Gehorsamsdenken reduziert also die menschliche Eigenständigkeit und geistige Souveränität und die sie ermöglichenden seelischen Kräfte.

Manche Erwachsene können sich noch erinnern, dass ihnen als Kinder deutlich gemacht wurde, ihre eigene Meinung und ihre Gefühle seien nicht gefragt; wichtig sei nur, dass sie sich gehorsam einordnen und unterordnen und das ihnen Aufgetragene gewissenhaft erfüllen.

Dieses Gehorsamsverständnis war bis vor wenigen Jahrzehnten in Staat und Gesellschaft, in Beruf und Betrieb, in Familie und Schule, in Kirche und Glaube, praktisch in jedem Lebensbereich selbstverständlich.

Dieses Verständnis von Autorität führte von klein an zu einer Art Außensteuerung und zu einem Zurückdrängen der Impulse, die sich von innen meldeten. Man lernte schon als Kind, alles Eigene als störend und problematisch zu betrachten und es wurde auch im allgemein üblichen Sprachgebrauch als „eigensinnig" und „eigenwillig" abgewertet und unterdrückt.

So führte das traditionelle Autoritätsverständnis mit dem Primat des Gehorsams zu extremer Verdrängung der eigenen Gefühle und damit zur Abwertung des eigenen Ichs. Die Seele hatte in diesem familiären und gesellschaftlichen Rahmen wenig Chancen geboren zu werden und die von klein an eingeübte Gefühlsverdrängung in der Lebensgeschichte der heute Erwachsenen führt zu einer entsprechend häufigen seelischen Belastung der Kinder durch ihre Eltern.[6]

8. Kinder lieben ihre Eltern immer: die destruktiven Wirkungen unbewusster Liebe

Offensichtlich sehen Kinder in ihren Eltern eine Art gottgleicher Autorität, der sie absolut vertrauen, von der sie aber auch erwarten, alles Lebensnotwendige zu bekommen, auch Zuwendung und Achtung und Verständnis für sich. Kleineren Kindern, das ist bekannt, kann die Bezugsperson alles erzählen, sie werden alles glauben; sie bringen Vater und Mutter einen gewaltigen Vertrauensvorschuss entgegen.

Selbst wenn ein Kind vernachlässigt, misshandelt oder unterdrückt wird, wird es im Tiefsten seiner Seele die Eltern immer lieben. Und wenn es später die Eltern verachtet oder hasst, bleibt doch im Unbewussten eine grundsätzliche Liebe erhalten, und zwar ein Leben lang. Was hier gesagt ist, gilt also auch für den erwachsenen Menschen. Wenn das Bewusstsein keinen angemessenen Ausdruck der Liebe findet, entwickeln sich Formen unbewusster Liebe, die sehr problematisch sind und bis zur Selbstzerstörung führen können.

a) Unbewusste Liebe durch Nachahmung

Eine Mutter erzählte, wie sehr die Aussage ihrer Tochter sie verletzt habe, sie, die Mutter, werde der Oma immer ähnlicher. Das war für sie, die ihre eigene Mutter zutiefst verachtete, die schlimmste Beleidigung. Aber noch schlimmer war für sie zu erkennen, dass ihre Tochter mit dieser Aussage recht hatte. Wer ein Elternteil verachtet, muss nicht nur damit rechnen, dass eines der eigenen Kinder den ausgegrenzten Opa bzw. die ausgegrenzte Oma vergegenwärtigt, es ist zudem die Wahrscheinlichkeit sehr hoch, dass man selbst dem verachteten Menschen immer ähnlicher wird. Leider merkt man das erschreckend spät. Aber vielleicht ist das ein Trick des Unbewussten, in der Nachahmung dem verachteten Menschen eine gewisse Solidarität und damit eine unbewusste Verbundenheit und Ehrerbietung zu zeigen. Und dieser Trick des Unbewussten kann ja auch eine Tür öffnen, in der Selbsterkenntnis des eigenen problematischen Wesens den Weg des Verstehens und des Erbarmens mit dem verachteten Menschen zu finden.

Die Nachahmung durch unbewusste Liebe kann kriminelle Formen annehmen, wie das Beispiel eines Dreizehnjährigen zeigt, der bei Pflegeeltern aufwuchs. Seinen leiblichen Eltern war vom Jugendamt die Erziehungsberechtigung entzogen worden, da der Vater wegen Diebstahls im Gefängnis saß und die Mutter mit ihrem eigenen Leben nicht zurecht kam. Als der Junge immer massiver zu stehlen begann, gingen die Pflegeeltern zur Beratung. Die Therapeutin sagte ihnen, sie sollten dem Jungen helfen, eine Beziehung zu seinem leiblichen Vater aufzubauen; sehr hilfreich sei vielleicht, ihn im Gefängnis zu besuchen.

Wenn der Vater im Gefängnis sitzt und der Sohn zu stehlen beginnt, vermuten viele Menschen einen erbbedingten Zusammenhang, gemäß dem alten Sprichwort: „Der Apfel fällt nicht weit vom Stamm." Aber das ist unsinnig. Ein kriminelles Verhalten wird nicht vererbt. Es ist Ausdruck der Demütigung oder Verletzung, die ein Mensch in seiner Kindheit erlebt hat oder es ist eine Form unbewusster Liebe. Diese gilt entweder einer ausgegrenzten Person im Familiensystem oder einem eigenen Elternteil, den man nicht zu achten gelernt hat. So in diesem Beispiel: Wenn der Vater von allen Angehörigen verurteilt und verachtet wird und der Sohn selbst vielleicht Wut und Verachtung ihm gegenüber empfindet, weil der Vater nicht für ihn da war und nicht für ihn sorgte, dann ist die Wahrscheinlichkeit sehr hoch, dass der Sohn seinen Vater in unbewusster Weise durch Nachahmung liebt. Dadurch kann er ihm auf einer unbewussten Ebene innerlich nahe sein und sich mit ihm verbunden fühlen.

Die Auflösung der destruktiven Energien unbewusster Liebe wäre in diesem Fall möglich, wenn der Sohn durch Besuche bei seinem Vaters im Gefängnis die drastischen Konsequenzen von dessen Verhalten erleben könnte. Eine gute Beratung könnte dem Sohn helfen zu verstehen, durch welche Lebensumstände der Vater in seiner Kindheit nicht gelernt hat, notwendige Grenzen gegenüber anderen Menschen einzuhalten. So könnte er einen Weg finden, seinen Vater dadurch zu respektieren, indem er von dessen Fehlverhalten für sich zu lernen bereit ist.

Grenzen wahrzunehmen und zu respektieren, gehört zu den wichtigsten seelischen Reifungsprozessen, wie wir beim Gleichnis mit der Haut gesehen haben. Und wie beeindruckend die Grenzen sind, die die menschliche Gesellschaft einem Gesetzesübertreter berechtigterweise unter Umständen setzen muss, das hat wohl jeder schon erlebt, der in einem Gefängnis jemand besucht hat: welche Gefühle es auslösen kann, wenn ein Gefängnisbediensteter vor dem Besucher eine schwere Eisentür aufsperrt und hinter ihm gleich wieder zusperrt und wie eine zweite und dritte Eisentür aufgesperrt und wieder hinter einem zugesperrt wird. Dabei kann man eine kleine Ahnung bekommen, was es heißt, inhaftiert, eingesperrt zu sein, Grenzen gesetzt zu bekommen, die der Gesetzgeber im Namen des Volkes einem zumutet, weil man nicht gelernt hat, die notwendigen Grenzen der Achtung vor Leben und Eigentum des anderen einzuhalten.

Wenn es dem Sohn gelingt, seinen Vater in dieser Situation als seinen Vater anzuerkennen und aus dessen Schicksal zu lernen, dann braucht er ihn nicht unbewusst nachzuahmen und ein schlimmes Schicksal nicht zu wiederholen; denn genau dies machen wir, solange wir unsere Eltern nicht in rechter Weise zu achten bereit sind.

b) Unbewusste Liebe durch Verwirklichung
eines schlimmen Wunsches der Eltern

Negative Prophezeiungen, wie z. B. „aus dir wird nichts", die Eltern einem Kind gegenüber aussprechen, können eine selbsterfüllende seelische Wirkung bekommen, auch wenn die Eltern dies nur als pädagogische Drohung ausgesprochen haben. Die unbewusste Liebe von Kindern gegenüber ihren Eltern kann sich in der inneren Einwilligung und Verwirklichung einer solchen negativen Aussage zeigen. Deshalb kann auch die Verfluchung eines Kindes durch die Eltern verheerende Wirkungen haben. Die Sehnsucht eines Kindes nach der Achtung der Eltern und nach einem Dazugehören-Dürfen ist offensichtlich so intensiv, dass es durch das Bedrohungserlebnis bei einer abwertenden Aussage der Eltern den Verzweiflungsweg der Einwilligung geht. Mancher durchaus intelligente Schüler scheitert aus diesem Grund, weil die unbewusste Erfüllung der negativen elterlichen Verheißung mächtiger ist, als alle subjektiven Willensanstrengungen und Fördermaßnahmen.

Systemisch betrachtet gilt die abwertende Aussage, die ein Vater gegenüber einem Sohn formuliert, eigentlich der Mutter, gegen deren Solidarität mit dem Sohn er sich nicht durchsetzen kann und dadurch in seiner Vaterrolle abgewertet wird. Es kann aber auch sein, dass er selbst seinen Vater nicht oder nicht positiv erlebt hat und der verdrängte Zorn gegen den eigenen Vater in Verachtung gegenüber dem eigenen Sohn ausgedrückt wird. Aber solche Projektionen kann der Sohn in der Kindheit nicht durchschauen; er bezieht solche Aussagen voll auf sich. Die Therapie hat bei einem Erwachsenen mit einem solchen Kindheitsschicksal die Aufgabe zu zeigen, dass der abwertende Vater selbst das Problem in Form einer seelischen Verletzung in sich trägt und seine Abwertung einer erwachsenen Person gilt; dann wird es leichter möglich, den Vater in seiner Leben vermittelnden

Rolle zu achten ohne seine abwertenden Giftspritzer auf sich zu beziehen.

Manche heranwachsenden Kinder reagieren auf die Abwertung eines Elternteils mit trotziger Leistungsbereitschaft und versuchen Karriere zu machen, um den Eltern zu beweisen, dass ihre negative „Verheißung" nicht stimmt. Nicht selten schaffen solche gedemütigten Kinder einen erstaunlichen beruflichen Aufstieg. Aber wenn es keine Versöhnung bzw. positive Klärung der Eltern-Kind-Beziehung gibt, ist ein späterer Abbruch der Karriere durchaus wahrscheinlich. Die unbewusste Liebe in der Form der Einwilligung in die negative elterliche Aussage bleibt mächtig, wenn der erwachsene Mensch in der inneren Haltung der Verachtung gegenüber dem Elternteil, durch das er seelisch verletzt worden ist, verharrt.

Wenn Eltern einem Kind, das nicht ihren Erwartungen entspricht, sagen, „Du bist für uns gestorben", dann ist dieses Kind oft in hohem Maße selbstmordgefährdet. Das Kind ist auch als Erwachsener meist nicht in der Lage zu erkennen, dass eine solche Aussage seitens der Eltern ein Symptom für deren eigene innere Verletzungen ist, sondern es bezieht die Aussage tatsächlich auf sich und zweifelt an der eigenen Daseinsberechtigung.

In einem tragischen Fall hatte ein Mädchen von 13 Jahren ihren einzigen Bruder verloren, als dieser mit 18 Jahren als frisch gebackener Führerscheinbesitzer einen schweren Unfall verursachte und dabei ums Leben kam. Der Sohn war die große Hoffnung für den Wirtschaftsbetrieb seiner Eltern. Sein Tod drohte die berufliche Zukunft des Familienbetriebes zu zerstören. Besonders die Mutter hatte sich seelisch sehr stark auf den Sohn gestützt. Als sie später mit der pubertierenden Tochter Schwierigkeiten hatte, entglitt ihr das schlimme Wort: „Er ist tot und du lebst". Darauf distanzierte sich die Tochter immer stärker von der Mutter, um sich vor solchen Verletzungen besser abschirmen zu können und begann später, die Mutter zu verachten. Die

Eltern waren schon tot, als sie sich selbst als erwachsene Frau das Leben nahm.

Es ist zu vermuten, dass die abwertende Aussage der Mutter und die unbewusste Liebe der Tochter zu ihr die Hauptenergien für diesen Selbstmord waren. Wer ein Elternteil oder auch beide Eltern verachtet, gerät sehr in Gefahr, deren negative Aussagen einzulösen. Auch hier gilt, dass die Liebe die stärkste seelische Energie im Menschen darstellt. Auch wenn das Bewusstsein die Eltern verachtet, wird die unbewusste Liebe einen Weg finden, den Eltern Achtung zu erweisen, so verrückt die Form dieser Achtung nach außen hin auch sein mag.

c) Unbewusste Liebe durch Nachfolge nach einem Verstorbenen

Ein häufig zu beobachtendes Phänomen ist der frühe Tod eines Mannes, der als Kind seinen Vater z. B. im Krieg verloren hat und in der neuen Ehe der Mutter erleben musste, dass über seinen Vater nicht mehr gesprochen wurde, dass es kein Bild von ihm in der Wohnung gibt, dass er also entsprechend dem Verhalten der Mutter seinen Vater offensichtlich vergessen soll. In früheren Generationen war es wohl noch wesentlich schwieriger als heute, nach dem Tod des ersten Partners in einer neuen Paarbeziehung über die frühere Beziehung zu sprechen.

Für das Kind aus der ersten Ehe ist dieses Schweigen über seinen leiblichen Vater eine unbewusste Form der Verachtung, die zu unbewussten Formen der Liebe des Kindes zu diesem Menschen führen kann. Diese unbewusste Liebe drückt sich in solchen Fällen oft durch ein Nachfolgen im Tod aus. Es gibt eine erstaunliche Häufigkeit eines frühen Todes bei solchen Kindern aus erster Ehe, wenn der erste Ehepartner von der Mutter „vergessen" wird.

d) Unbewusste Liebe als stellvertretendes Handeln für das, was die Eltern nicht geschafft haben

Ein Mann, der im Kindesalter seinen Vater verloren hat, kann später im jugendlichen Alter und als Erwachsener Minderwertigkeitsgefühle entwickeln. Wenn er später selbst einen Sohn bekommt, übernimmt dieser möglicherweise die Minderwertigkeitsgefühle des Vaters und versucht, sie durch ungewöhnliche Leistungsbereitschaft und eine überragende Karriere zu kompensieren. Dieses starke Bemühen, dem Vater Ehre zu machen, ihn also aus seinen Minderwertigkeitsgefühlen zu befreien, mobilisiert beim Sohn alle Energien so sehr für den Erfolg, dass er seine anderen seelischen Seiten und Bedürfnisse zurückstellt oder völlig übersieht und dann kein Gespür für seine Kinder und seine Ehefrau hat, aber auch kein Gespür für seinen Körper und dessen Grenzen.

Solche Menschen sind typische Herzinfarkt-Gefährdete. Nicht der Berufsstress raubt ihnen in erster Linie Gesundheit oder sogar das Leben, sondern die ungestillte Sehnsucht, das ungestillte Bedürfnis, vom Vater wahrgenommen und geachtet zu werden. Denn manche Väter mit Minderwertigkeitsgefühlen schaffen es nicht, ihre Kinder seelisch wahrzunehmen, wenn sie selbst als Kinder von ihrem Vater nicht wahrgenommen worden sind, z. B. weil dieser früh gestorben ist. Zudem kann der Sohn die Trauer und ungestillte Sehnsucht seines Vaters unmittelbar übernehmen und zu seiner eigenen Sehnsucht machen. Dadurch kann aber dieses Gefühl, das ja auch mit seiner eigenen Kindheitserfahrung zu tun hat, so extrem gesteigert werden, dass auch die Kompensationsversuche in einer grenzenlosen Leistungsbereitschaft münden, die Grenzen körperlicher Belastbarkeit überschreiten und dann lebensbedrohlich werden.

e) Unbewusste Liebe durch Suchtverhalten, durch Solidarität in der Abwertung

Psychodynamische Erkenntnisse haben deutlich gemacht, dass Suchtkrankheiten gewöhnlich ein Gefälle in der Paarbeziehung der Eltern des Suchtkranken widerspiegeln, das vom Kind verinnerlicht wird. Es trägt also das Beziehungsmuster der Eltern in sich, und wenn es darin ein starkes Gefälle gibt, hat das Kind dieses Gefälle in seiner eigenen Seele. Im Erwachsenenalter ist z. B. Alkoholismus häufig der Versuch, den Abwertungsschmerz in Solidarität mit dem abgewerteten Elternteil zu dämpfen. Aber es ist wohl gleichzeitig eine Form unbewusster Liebe, denn ein Suchtverhalten reduziert ja die eigene Wahrnehmungs- und Entscheidungsfähigkeit und dadurch die personale Freiheit und Verantwortung und ist damit eine Art Selbstabwertung. Diese fügt man sich unbewusst selbst zu in (liebender) Solidarität mit dem abgewerteten Elternteil. Auch wenn die Eltern partnerschaftlich miteinander umgehen, kann es sein, dass ein Elternteil tiefe Minderwertigkeitsgefühle in sich trägt und ein suchtkrankes Kind Solidarität mit dieser Selbstverachtung entwickelt.

f) Unbewusste Liebe wegen Verheimlichung eines leiblichen Elternteils

Kinder haben ihre Eltern nicht nur genetisch in Form des väterlichen und mütterlichen Erbgutes in sich, sondern auch seelisch. Da die Kinder ihre Eltern immer lieben, braucht ihre Beziehung zu den leiblichen Eltern einen Ausdruck der Achtung und Verbundenheit. Wenn diese Kind-Eltern-Beziehung nicht „zur Welt kommen kann", keinen Ausdruck und keine Form findet, gibt es in der Seele des Kindes gewaltige Spannungen und Schmerzen.

So kann z. B. eine Frau, die während der Schwangerschaft den Partner wechselte und später dem Kind verheimlichte, dass ihr Ehemann nicht sein leiblicher Vater ist, Probleme mit ihrem Kind bekommen. Die systemische Psychologie hat nämlich aufgedeckt, dass Kinder es spüren, wenn sie auf diese Weise getäuscht werden. Sie empfinden es als seelischen Schmerz oder als inneres Vakuum oder als Verwirrtheitszustand, und noch viele andere belastende Gefühle sind möglich. Aber sie haben meist kein Bild und natürlich kein Wissen über diese Tatsachen. Es gibt jedoch Kinder, die träumen von dem verleugneten Elternteil oder sehen dessen Gesicht wiederholt in einem Tagtraum-Bild. Das Problem verschärft sich, wenn sie den Eltern Fragen stellen und von diesen angelogen werden. Die unbewusste Liebe solcher Kinder zum verheimlichten Elternteil drückt sich oft in einem aggressiven Verhalten gegenüber der Mutter aus. Dabei handelt es sich um ein Protestverhalten in Solidarität mit dem unerreichbaren leiblichen Vater. Denn verleugnet werden ist eine Form der Verachtung, die in einem Kind die unbewussten Energien der Seele mobilisiert, um sie zu beseitigen.

9. Problematische Rollen, in die ein Kind geraten kann

Kinder haben das Grundbedürfnis dazuzugehören und nehmen andererseits wahr, was die Eltern seelisch beschäftigt und belastet. Deshalb spüren sie auch, ob es einem Elternteil „zum Davonlaufen" zu Mute ist. Dann entwickeln sie eine erstaunliche Kreativität, um Eltern zu entlasten oder durch neue Belastungen von ihrem Problem abzulenken. Sie lassen sich als Helfer oder als Hilfsmittel missbrauchen oder gehen in eine Erwachsenen-Rolle, immer mit dem Ziel, das Dazugehören-Dürfen aufrechtzuerhalten bzw. das vermutete

Weggehen eines Elternteils zu verhindern. Anlässe und Motivationsstruktur für Rollen, in die ein Kind geraten kann, können sehr vielfältig sein und völlig überraschende Formen und Kombinationen annehmen.

Wenn im Folgenden einige solcher Rollen dargestellt werden, kann damit kein Anspruch auf Vollständigkeit erhoben werden, nicht zuletzt deshalb, weil Originalität und Kreativität des Kindes immer wieder neue Reaktionen hervorbringen können und sich keiner abschliessbaren Systematik fügen. Das Problematische an den hier dargestellten Rollen besteht darin, dass das Kind dabei sehr viel Aufmerksamkeit aufwendet, um die Eltern zu beobachten und sich um deren inneres Wohlergehen zu sorgen, was aber die Selbst-Wahrnehmung und Selbst-Entdeckung und auch die eigenständige Außen-Welt-Entdeckung behindert oder zumindest so davon ablenkt, dass die eigene Ich-Findung und Selbstbejahung darunter leidet.

Der seelische Raum des Kindes soll immer stärker vom eigenen Ich bewohnt und als innerer Entfaltungsraum genutzt werden. Ist das Kind aber zu stark mit den elterlichen Problemen beschäftigt und hat es Angst um das grundsätzliche Dazugehören-Dürfen, dann bleiben das Leben und die Beziehungsdynamik der Eltern zu mächtig und raumbeanspruchend in der Seele des Kindes. Das Kind hat dann weder die Möglichkeit, noch spürt es das Bedürfnis, das eigene Ich zu entdecken und zur Welt kommen zu lassen.

a) Die Tarnkappen-Rolle

Die unbewusste Botschaft lautet: „Ich mache mich unsichtbar".

Ein Kind spürt, dass die Mutter sehr belastet ist, dass sie selbst wenig seelischen Raum hat und versucht, weitgehend „unsichtbar" zu werden, um die Mutter nicht zusätzlich zu belasten und zu verunsichern. Es wird „pflegeleicht", brav, unkompliziert, es versucht also möglichst wenig Raum zu beanspruchen im Leben der Mutter. Dieses Verhalten entsteht, weil das Kind Angst hat, die Mutter zu verlieren, wenn sie über das vorhandene Maß hinaus noch mehr belastet würde.

Die Tarnkappenrolle signalisiert: Ich bin nicht da, nicht mit meinem Körper, nicht mit meinen Bedürfnissen und Ansprüchen. Ich möchte deinen eigenen geringen Raum nicht auch noch reduzieren. Ich mache mich unsichtbar, ich bin nicht da mit meinem Ich, mit meinem Wunsch, etwas Eigenes, etwas Neues zu sein, denn das könnte dich verunsichern und seelisch belasten. Deshalb verzichte ich auf meine Trotzphase, auf Zorn- und Wutäußerungen, verzichte auf Tränen und Ärger. Ich verstecke die eigenen Bedürfnisse nach Originalität und Anderssein. Ich verzichte auf die Geburt meines Ichs.

Und so stirbt die erst allmählich sichtbar werdende Einzigartigkeit dieses Ichs einen Tod, bevor es seelisch geboren ist, um der Mutter nicht weh zu tun.

Die Seele dieses Kindes bleibt in einem frühkindlichen Stadium, in dem das „Nur-Dazugehören", nicht aber das „Anders-Sein" leben kann. Solche Kinder geben sich manchmal ganz erwachsen, als wären sie schon selbstständig und bräuchten die Mutter nicht mehr, als ob sie schon für sich selbst zu sorgen wüssten.

Die Tarnkappenrolle führt dazu, dass das Kind auf die Entwicklung eines eigenen Willens und eigener Wünsche weitgehend verzichtet. Dadurch kann sich aber die Selbstwahrnehmung und die Fähigkeit zur Selbstmitteilung kaum entwickeln. Solche Kinder haben als Erwachsene noch alle Phasen der seelischen Geburt vor sich und bekommen manchmal schlimme Schuldgefühle, wenn ihnen bewusst wird, welche seelischen Geburtswehen sie ihrer Mutter noch zumuten müssen. Sie fühlen Angst und Unsicherheit, ob sie es schaffen, ihr eigenes Ich zu entdecken und ob sie mit diesem noch so zarten Ich-Pflänzchen den Weg einer schwierigen Auseinandersetzung mit der Mutter durchzustehen in der Lage sind.

Nicht gelebte Kindheitsphasen verleiten später beim erwachsenen Menschen in regressiver Weise dazu, Nachholversuche zu unternehmen.

b) Die Sündenbock-Rolle

Die unbewusste Botschaft lautet: „Ich nehme die Schuld auf mich, die ihr mir aufladet."

Ein Beispiel: Eine ledige Frau wurde schwanger und heiratete aus moralischem Pflichtbewusstsein und auf Drängen der Eltern den Vater des Kindes, obwohl sie ihn nicht wirklich liebte. Als sie später in der Ehe unglücklich wurde, gab sie dem Kind dafür die Schuld, weil es der Grund der Eheschließung war. Kinder glauben in einem solchen Fall gewöhnlich das, was die Mutter sagt und bekommen entsprechend bedrückende Schuldgefühle. Solche Kinder werden nicht selten zu Menschen, die sich für alles verantwortlich und für alle Probleme und Misserfolge in ihrer Umgebung schuldig fühlen. Oder sie werden jede Verantwortung, in welchem Lebensbereich auch immer, ablehnen, weil sie sich mit der aufgebürdeten „Verantwortung" seit Kindheitstagen völlig überfordert fühlen.

Es kann aber auch sein, dass ein solches Kind später die Unsinnigkeit dieses mütterlichen Vorwurfs durchschaut und beginnt, die Mutter zu verachten und dann in unbewusster solidarischer Liebe deren Schicksal wiederholt, z.B. indem es als Mädchen auch sehr früh schwanger wird.

c) Die Bindeglied-Rolle

Die unbewusste Botschaft bei dieser Rolle lautet: „Ich brauche euch beide, Vater und Mutter, ich werde alles tun, damit ihr zusammen bleibt."

Wenn ein Kind die Spannungen und Gefährdungen in der Beziehung der Eltern zueinander spürt, kann es sein, dass es unbewusst verhaltensauffällig oder chronisch krank wird, so dass beide Eltern sich viel absprechen und miteinander unternehmen müssen, um dem Kind die angemessene Hilfe zukommen zu lassen. Ein Elternteil wird von einem Kind unter Umständen derart überfordert, dass es notwendig ist, dass der andere Elternteil diesem beistehen muss. Auf diese Weise gelingt es dem Kind, die Eltern von ihren Partnerproblemen abzulenken. Mit seinen eigenen Problemen signalisiert es: „Ich brauche euch beide."

In eine solche Rolle gerät ein Kind umso leichter, je schwächer die seelischen Bindungskräfte bei der Paarbildung der Eltern waren, wenn die Ehe vornehmlich aus äußeren Zwängen oder wegen sekundärer Motive zu Stande gekommen ist, z.B. wenn die Mutter ihren Mann im Krieg verloren hatte und froh war, im Interesse der wirtschaftlichen Absicherung wieder einen Partner zu finden; oder wenn die Tochter den elterlichen Betrieb weiterführen sollte und in ihrer Partnerwahl mehr auf die betriebswirtschaftliche Kompetenz des zukünftigen Ehemannes Wert legte, als auf ihre persönliche Zuneigung zu ihm; ähnlich, wenn die Eheschließung aus Prestigegründen oder in der Hoffnung auf einen hohen Lebensstandard erfolgte. Die wohl häufigste Ursache für eine Heirat aus zweitrangigen Bindungsmotiven war wohl Jahrhunderte lang eine aus leichtfertigen Gründen entstandene voreheliche Schwangerschaft.

In dieser Bindeglied-Rolle opfert ein Kind manchmal nicht nur die eigene Ich-Entwicklung dem vorrangigen Bedürfnis, einer stabilen Mutter-Vater-Gemeinschaft weiterhin angehören zu dürfen, sondern es opfert manchmal unbewusst die eigene seelische oder körperliche Gesundheit, weil nur dieses große Opfer die Eltern von ihren Problemen ablenkt, die zur Trennung der Partnerschaft führen könnten, wenn sie ausgetragen würden. Das sind die Ehen, die auseinander gehen, sobald die Kinder erwachsen sind.

Die meisten Eltern glauben auch heute noch, dass sie eine moralische Verpflichtung hätten, zu Gunsten der Kinder die Ehe aufrecht zu erhalten. Aber sie wissen nicht, dass die Kinder sehr wohl die Gefühlskälte und Beziehungslosigkeit bei ihren Eltern spüren und diese Beziehungsstruktur zwischen den Eltern die seelische Grundstruktur des Kindes prägt. Denn Kinder sind nicht nur ein Teil der Seele von Vater und Mutter, sie werden hinein geboren in die seelischen Energieströme zwischen Vater und Mutter. Was zwischen diesen beiden Menschen an Beziehungsenergien wie z. B. Zuneigung, Vertrauen, Wertschätzung, aber auch an Misstrauen, Angst, Abneigung usw. fließt, das fließt durch die Seele des Kindes hindurch und prägt langfristig dessen seelisches Empfinden. Eine nur formal aufrechterhaltene Ehe lässt in der Seele des Kindes die Welt kalt und formalistisch erscheinen, geprägt von einer äußeren Fassade, hinter der eine seelische Öde von Einsamkeit und Resignation herrscht.

Da das Bedürfnis des Kindes nicht nur in der Aufrechterhaltung der Beziehung seiner Eltern besteht, sondern auch in der Sehnsucht nach einer Atmosphäre der Liebe in der Familie, kann es sein, dass es mit seinem problematischen Verhalten zwar das Zusammenbleiben der Eltern erzwingt, aber nicht deren liebevolle Verbundenheit erreichen kann. D. h. das Kind erlebt jahrelang eine Vergeblichkeit seiner Anstrengungen, deren Erfolg auf halbem Weg stehen bleibt. Auch dies kann aus der Erfahrung des Kindes seine spätere Beziehung zu den Menschen und zur Welt prägen: „Dein Mühen ist vergeblich, die wichtigsten Ziele im Leben bleiben sowieso unerreichbar." Das kann zu seelischer Resignation und in der Form der Verhärtung zu schlimmem Egoismus führen, es kann aber auch depressive Stimmungen und Minderwertigkeitsgefühle auslösen.

Eine andere mögliche Reaktion des Kindes entsteht durch die unbewusste Liebe zum schwächeren Teil der Eltern, der eigentlich die Ehe verlassen wollte, aber zu Gunsten des

Kindes geblieben ist. Diese unbewusste Liebe des Kindes handelt nach dem Motto: Ich mache das für dich, ich tue, was du nicht geschafft hast. Ich vollende tatsächlich, was du nur als innere Tendenz, als innere Bewegung vollzogen hast: deinen Partner zu verlassen.

Das Kind wendet sich in seelisch problematischer Weise von einem Elternteil ab oder es vollzieht diese Abkehr erst in der eigenen Ehe und verlässt den Partner. Die Ehe solcher Kinder ist in hohem Maße gefährdet, da oft die für das Kind nicht durchschaubare Beziehungsstruktur der Eltern wiederholt wird, in der Hoffnung das elterliche Problem im zweiten Anlauf, in einer Art stellvertretendem Handeln, in der eigenen Ehe zu lösen.

d) Die Richter-Rolle

Das Kind wird aufgefordert zu entscheiden, wer im Recht ist.

Wenn die Eltern mit ihren eigenen Konflikten nicht zurecht kommen, kann es sein, dass einer von ihnen das Kind mit in den Konflikt hinein zieht, indem er es auffordert, eine Richterrolle einzunehmen. Natürlich erwartet dieser Elternteil, dass das Kind zu seinen Gunsten Stellung nimmt. Für das Kind ist das eine seelisch sehr schmerzvolle, ja geradezu eine verrückte Rolle, die es in eine innere Zerrissenheit treibt. Denn das Kind sehnt sich immer danach, beide Eltern lieben und achten zu können. Und es ist das wichtigste Bedürfnis, zu beiden dazu zu gehören. Wenn es nun aufgefordert wird, zwischen den Eltern zu urteilen, dann signalisiert ein Elternteil den Wunsch, durch das Kind bestätigt zu werden, aber dies auf Kosten des anderen Elternteils. Das Kind will die Eltern aber zusammen halten und nicht durch ein Urteil trennen. Es will zu beiden dazugehören und sich nicht auf eine Seite schlagen müssen. Es will dem Elternteil, das nach Recht schreit, helfen, aber es will die Beziehung zum anderen Elternteil nicht verlieren. So stürzt die Bitte um die Richterrolle das Kind in eine seelisch ausweglose Not.

Zudem weigern sich solche Eltern, Konflikte sinnvoll auszutragen oder sich kompetente Hilfe von außen zu holen. Sie gehen in eine kindliche Rolle und senden ihre Hilflosigkeitssignale dem Kind zu. Das Kind wird in eine Erwachsenenrolle gedrängt, in eine Übervater- bzw. Übermutter-Rolle für die nicht erwachsen gewordenen Eltern. Nicht nur, dass das Kind durch diese Rolle heillos überfordert ist, es erlebt zudem die Eltern in einer Kinderrolle, die sein späteres Erleben von Autoritätspersonen prägen wird.

Es wird eine waches Gespür entwickeln für alles Unreife und Kindische in seiner Umgebung, und auch dort, wo es nicht angebracht ist, den alten Ärger über die kindliche Überforderung in Unwillen und Verachtung an den Mitmenschen abreagieren.

Es kann auch sein, dass das Kind ohne Aufforderung zur Richterrolle diese Rolle gegenüber seinen Eltern von sich aus beansprucht, weil es vom destruktiven Konfliktverhalten der Eltern so angewidert ist und darunter leidet, dass es in seiner Verzweiflung versucht, die objektive und vernunftgeprägte Dimension dort einzubringen, wo das elterliche Verhalten zu sehr von der Abreaktion unaufgearbeiteter Gefühlsenergien geprägt ist. So beginnt es, die Eltern wegen ihres Verhaltens in der Paarbeziehung zu tadeln und ihnen gute Ratschläge zu erteilen. Die langfristigen Wirkungen sind aber hier ähnlich, wie wenn es in die Richterrolle gedrängt würde, wenn auch das Fehlen einer Forderung von außen die Problematik für das Kind mildert.

e) Die Geisel-Rolle

Diese Rolle ist typisch für Kinder von geschiedenen und getrennt lebenden Eltern, die ihre Beziehung noch nicht aufgearbeitet haben und in ihrem destruktiven Konflikt das

Kind als Kampfmittel einsetzen, wenn also z. B. eine Mutter weiß, dass der Vater sehr am Kind hängt und dies gezielt ausnutzt, indem sie die Besuche des Kindes beim Vater nur gegen entsprechende Gegenleistung auf materiellem Gebiet zulässt.

Ein ähnliches Verhalten gibt es manchmal gegenüber der Großmutter, deren Zuneigung zum Kind als Erpressungsmöglichkeit auf materieller Ebene missbraucht wird. Das Kind wird hier als Person nicht wahrgenommen, es wird zum Spielball der Konflikte der Erwachsenen und gerät zwischen die Fronten einer versteckten Feindschaft.

Auch hier ist das Kind in seiner Bedürftigkeit nach Harmonie und Geliebtsein hin und her gerissen zwischen Menschen, die ihm beide wertvoll sind, aber die gleichzeitig zu lieben ihm verboten wird. Auch hier entsteht ähnlich wie in der Richterrolle im Kind langfristig der Eindruck, die zuständigen Autoritäten seien unfähig und handelten nicht verantwortungsvoll wie erwachsene Menschen handeln sollten. Da es selbst mit seinen Problemen und Bedürfnissen in diesem Konflikt nicht wahrgenommen wird, bekommt es unter Umständen Schwierigkeiten, sich wahrzunehmen und ein gesundes Selbstbewusstsein zu entwickeln.

Später, im Erwachsenenalter, wird es hin und her pendeln zwischen verantwortungsvollem Verhalten und einer Ablehnung von Verantwortung, zwischen dem Versuch, die Verantwortungslosigkeit der Eltern zu ersetzen und dem Versuch, endlich noch ein Stück eigene Kindheit nachzuholen, vielleicht wieder dadurch, Verantwortung auf die eigenen Kinder abzuschieben. So wird nicht selten das eigene Schicksal in der Kindheit der nächsten Kindergeneration wieder zugemutet. Dies umso mehr, wenn der erwachsene Mensch die Fehlverhaltensweisen seiner Eltern erkennt und sie deshalb verachtet; denn wer seine Eltern oder ein Elternteil verachtet, wird deren Fehler wiederholen, wird, wie Bert Hellinger sagt, „den Preis noch einmal bezahlen, den diese schon bezahlt haben". Oder er wird Rückenschmerzen bekommen, weil er sich über seine Eltern stellt.

f) Die Partner-Rolle

In diese Rolle kann ein Kind geraten, wenn ein Partner entweder äußerlich abwesend ist oder seiner Partnerrolle nicht gerecht wird. Das kann beim Tod eines Elternteils sein oder nach der Trennung der Eltern; die Rolle kann ausgelöst werden durch eine Wochenendehe der Eltern oder auch dadurch, dass ein Elternteil den anderen nicht partnerschaftlich behandelt, so dass dieser mit dem Kind eine Ersatzpartnerschaft entwickelt.

Natürlich sind noch viele andere Konstellationen denkbar, die dazu führen, dass die Sehnsucht eines Elternteils nach partnerschaftlicher Geborgenheit und gegenseitigem seelischem und geistigem Austausch sich zum Kind hin wendet. Wenn dieses die Einsamkeit und Bedürftigkeit der Mutter bzw. des Vaters spürt, engagiert es sich gewöhnlich, um die signalisierten Bedürfnisse zu befriedigen und lässt sich so in eine Ersatzpartner-Rolle drängen.

Es fühlt sich dabei sehr wichtig und ernst genommen, da es ja für einen erwachsenen Menschen Hilfe und Stütze sein kann. Es fühlt sich schon sehr erwachsen und entwickelt meist ein sehr verantwortungsvolles und ernsthaftes Denken in der Problemwelt der „Großen".

Handelt es sich um eine Mutter-Sohn-Beziehung, spürt die Mutter trotz der Zuwendung des Kindes, dass ihr auf der Erwachsenenebene ein echter Partner fehlt und entwickelt deshalb insgeheim Sehnsuchts- und Minderwertigkeitsgefühle. Das eigene Kind spürt meist auch dies und bemüht sich umso mehr, „der bessere Partner" zu sein, macht sich besonders wichtig und entwickelt eine extreme Fürsorglichkeit. Das Wichtigste in seinem Leben ist, die Mutter glücklich zu machen. Aber nach einiger Zeit beansprucht dieses Kind nicht nur die mütterliche Liebe, sondern auch die partnerschaftliche Liebe der Mutter in seelischer Form.

Diese Rolle hat besonders vielfältige problematische Auswirkungen: Nach dem Motto „Mama, ich ersetze dir den

Papa, ich bin der bessere, der einfühlsamere, der liebevollere Partner, ich bin wirklich für dich da", geht der Junge in Konkurrenz zum Vater. Dieses Muster behält er bei: Später legt er sich mit den Vorgesetzten an, da er weiß, dass er immer schon besser war als die zuständige Autorität. Nicht nur im Berufsbereich, auch in Sport und Spiel, im Werben um eine Frau und auch in der Familie geht er immer in erbitterte Konkurrenz und kann Niederlagen nur äußerst schwer verkraften. Er ist ein schlechter Verlierer und findet für eine Niederlage immer einen Schuldigen. Er ist überzeugt: Wettbewerb und Konkurrenzkampf prägen das Leben der Welt. Der extreme Ehrgeiz mit einem enormen emotionalen Engagement ist Ausdruck seiner unbewusst bleibenden Liebe zu seiner Mutter. Wenn schon der Vater als Partner versagt, muss wenigstens er der Mutter beistehen und darf nicht auch noch versagen und die Mutter ins Elend fallen lassen.

Die Energie eines Mannes, der z. B. auch in einem sportlichen Wettbewerb emotional so sehr kämpft, dass er bei Misserfolg Freundschaften aufs Spiel setzt, macht deutlich, wie mächtig die Liebe eines Kindes zu seiner Mutter sein kann, die in seinen Augen seelisch gefährdet ist.

Solche Männer haben ein ungesundes Selbstwertgefühl, da sie eine schlechte Beziehung zu ihrem Vater haben. Ihre Mutterstützungsrolle stand ja im Zusammenhang mit der Abwesenheit oder dem Versagen des Vaters in seiner Partnerrolle. Deshalb entwickelte der Sohn eine Verachtung gegenüber dem Vater. Diese Verachtung hat zwei Quellen: Einerseits die eigene Erfahrung, dass der Vater seiner Rolle nicht gerecht wird und andererseits die seelische Einheit mit der Mutter, die in ihrer eigenen Beziehung zum Vater eine Verachtung entwickelt, an der der Sohn in liebender Solidarität mit der Mutter Anteil nimmt.

Die Verachtung gegenüber dem Vater führt beim Sohn unbewusst zu einer Verachtung seines eigenen Mannseins, denn der Vater ist das natürliche Bild des Mannseins für den

Sohn. So ist in seinem Konkurrenz- und Prestigedenken auch die Angst im Spiel, dass sein seelisches Männlichkeitsdefizit sichtbar werden könnte. Das Minderwertigkeitsgefühl wird mit einem Kompensationsverhalten überspielt.

Eine andere Auswirkung der Partnerrolle als Kind wirkt sich auf dessen spätere Partnerschaft und eigene Vaterrolle aus. Da er seine eigene Kindheit durch das frühe Erwachsen-Werden als seelischer Ersatzpartner der Mutter geopfert hat, versucht er später in der Ehe ein Stück Kindheit nachzuholen. Unbewusst heiratet er eine Frau mit starken mütterlichen Energien und wenig partnerschaftlichen Ansprüchen. Seine eigene Mutter hatte auch ihre partnerschaftlichen Ansprüche gegenüber einem erwachsenen Menschen reduziert. Er wird also von seiner Ehefrau fürsorgliches Verhalten, ein Zurücknehmen ihrer eigenen Bedürfnisse und umfassende Verfügbarkeit erwarten, eben das, was ein kleines Kind bei einer guten Mutter erleben kann. Deshalb sind solche Männer meist dagegen, dass ihre Ehefrau einer eigenen Arbeit nachgeht und eigene Kreativität und Lebensgestaltung entwickelt, denn sie soll ja nur und ganz für ihr „Kind", in diesem Fall für den Ehemann, da sein, der seine Kindheit in der Ehe nachholen will.

Besonders problematisch wird es für die Ehe, wenn dieser Mann auch noch seine Jugendzeit nachzuholen versucht; denn als Jugendlicher findet man es selbstverständlich, dass die Mutter zuhause wäscht, putzt, kocht usw., man selbst aber ist viel unterwegs bei den Kameraden oder auch beim Erproben seiner Beziehungsfähigkeit mit Freundinnen. Deshalb haben solche Männer oft wenig Schuldgefühle, die Frau zuhause arbeiten zu lassen, während sie selber sich mit anderen Frauen vergnügen.

Die kindliche Ersatzpartnerrolle eines Jungen mit der Mutter führt sowohl zu einer besonderen Einfühlsamkeit für die Seele der Frau, dies lernt er ja schon sehr frühzeitig, es führt aber auch zu einer Verachtung der Frau. Als Kind hat er ja erlebt, dass die Mutter sich nicht die Mühe machte, mit einem erwachsenen Menschen ein partnerschaftliches Leben zu erkämpfen. Ob dafür eine Chance bestand oder nicht, spielt nicht die entscheidende Rolle, sondern dass die Mutter unter diesen Umständen in einer seelischen Partnerschaft mit dem Kind selbst ein Stück in die Kinderrolle geht und dies die Wahrnehmung des Kindes von seiner Mutter prägt. Deshalb betrachtet ein solcher Sohn auch später die Frau nicht als einen erwachsenen Menschen und akzeptiert im Laufe der Ehe immer weniger eine gleichberechtigte Partnerschaft. Es kommt unter Umständen zu einer so genannten Schaukel-Ehe: Entweder spielt er das Kind und sie spielt die Mutter oder die Frau geht in die Kinderrolle und er spielt den „großen Mann“. Da dies nach einiger Zeit sehr unbefriedigend ist, gibt es in solchen Ehen sehr viele Enttäuschungen, Konflikte und Gefährdungen.

Die selben Probleme entstehen natürlich später bei einem umgekehrten Muster, wenn die Tochter in eine Ersatzpartner-Rolle mit dem Vater geraten war.

Solange die Trauer über die verlorene Kindheit und den nicht erreichbaren Vater, die unerreichbare Mutter, nicht gelebt wird, nicht zur Welt kommen kann, wird das Leben von vielfältigen Verdrängungsaktionen und Kompensationsversuchen der Minderwertigkeitsgefühle beherrscht.

g) Die Eltern-Rolle

Problematisch ist für ein Kind die Übernahme einer Eltern-Rolle. Das kann vorkommen, wenn beide Elternteile durch Schicksalsschläge nicht zu ihrer Erwachsenenenergie gefunden haben. Sie klammern sich vielleicht wie zwei Kinder, die die Eltern verloren haben, aneinander, stehen sich bei und trösten einander inmitten einer bedrohlich scheinenden, schlimmen Welt. Solche Eltern gehen vielleicht lieb miteinander um und schonen sich gegenseitig so sehr, dass sie jeden Konflikt, jede Auseinandersetzung vermeiden und damit ihre eigene Originalität und das Besondere ihres Ichs nicht entwickeln.

Sie verzichten darauf, eigene besondere Wünsche und Meinungen zu haben, haben Angst vor allem, was einen vom Partner unterscheiden könnte, die Betonung der Gemeinschaft und der Einheit stehen so im Vordergrund, dass Unterschiede, Gegensätze und Spannungen verdrängt und negiert werden.

Dieses Verhalten ist gewöhnlich geprägt von der Angst vor einer leidvollen und schwierigen Welt, so wie sie sich in Schicksalsschlägen für diese Menschen schon gezeigt hat. Solche Ängstlichkeit kann dazu führen, dass ein Kind den Eltern eine Alternativrolle vorzuleben versucht und gelassen und mutig die alltäglichen Probleme des Lebens anpackt, um den Eltern zu zeigen, wie man selbstbewusst in dieser Welt leben kann. Das Kind geht mit zwölf Jahren in alle Ämter, um anstehende Formalitäten für seine Eltern zu erledigen und entscheidet bald auch, welche Waschmaschine und welches Fernsehgerät gekauft wird.

In eine Elternrolle kann ein Kind aber auch geraten, wenn sich die Eltern oft in destruktiver Weise streiten, sich gegenseitig Vorwürfe und Schuldzuweisungen an den Kopf werfen, während offensichtlich keiner eigenverantwortlich zu handeln in der Lage ist. Manches Kind geht dann in die Elternrolle, um vernünftig und konstruktiv Probleme zu durchdenken und Lösungen herbeizuführen, d. h. die Aufgaben zu erledigen, die die Eltern nicht mehr schaffen, weil sie sich mit ihrem Streit gegenseitig blockieren.

Auch diese Elternrolle kann beim Kind zum Verlust wichtiger altersgemäßer Entwicklungsprozesse führen und später sowohl unbeherrschtes, aggressives Verhalten wie auch depressive Stimmungen und Minderwertigkeitsgefühle auslösen. Auch hier gilt: Zu einem ausgeglichenen seelischen Energiehaushalt findet, wer die Trauer über verlorene Lebensphasen zulassen und ausdrücken kann.

h) Die Liebhaber-Rolle

Diese Rolle hat eine gewisse Ähnlichkeit mit der Partnerrolle und entwickelt sich aus dieser, wenn z. B. ein Sohn, der seinen Vater durch Tod verloren hat oder durch die Trennung der Eltern voneinander in eine sehr intensive seelische Partnerrolle geraten war, plötzlich mit einem neuen Partner seiner Mutter konfrontiert ist.

Da er in der Beziehung zu seiner Mutter mütterliche fürsorgliche Liebe und seelische partnerschaftliche Liebe nicht unterscheiden kann, bekommt er Angst, dass er beim Verlust der partnerschaftlichen Dimension der Liebe seiner Mutter, die sich dem Freund bzw. neuen Ehemann hinwendet, die Liebe der Mutter überhaupt verlieren könnte.

Zudem fühlte er sich in der Partnerrolle schon als kleiner Erwachsener ernst genommen und wichtig und soll jetzt plötzlich wieder zum Kind „degradiert" werden. Er wird aus einer bedeutenden bisherigen Position entmachtet. Der intensive geistig-seelische Austausch, den er bisher mit der Mutter gepflegt hat, die viele Zeit und die gemeinsamen Unternehmungen, die man bisher miteinander erlebt hat, werden reduziert und von der Mutter umgelenkt auf den neuen Partner hin. In dieser Situation geht das Kind unter Umständen in heftige Konkurrenz mit dem neuen Partner der Mutter oder/und in ein leidvolles eifersüchtiges Kämpfen um die Liebe der Mutter.

Wenn die Mutter dieses Problem nicht einfühlsam und geduldig und mit klaren Informationen zu lösen versucht, kann in diesem Kind ein tiefes Misstrauen und eine Verbitterung den Frauen allgemein gegenüber entstehen. Die Mutter muss dem Kind den Unterschied erklären zwischen partnerschaftlicher Liebe und Mutter-Kind-Liebe und muss ihm zeigen, dass die letztere nicht aufgekündigt wird.

Besonders problematisch wird es, wenn die Mutter dem Kampf des Kindes erliegt und aus Liebe zum Kind auf eine eigene Partnerschaft verzichtet. Denn dann wirken sich alle problematischen Konsequenzen der „Partnerrolle" des Kindes in extremer Form aus. Die Gefahr ist sehr groß, dass die Mutter später vom Kind das zurückfordern wird, was sie in unangemessener Weise für das Kind geopfert hat und ihm dann keine eigene Partnerschaft erlaubt, bzw. sich massiv in die spätere Partnerschaft des erwachsenen Sohnes einzumischen versucht.

i) Die Rächer-Rolle

Wenn die Mutter einen neuen Partner hat und der bisherige Partner vergessen oder abgewertet wird, vertritt das Kind den abwesenden Vater und hat seine Energie in sich: Es wird unerziehbar und bringt die Wut des Vaters in die neue Familie ein. Es nimmt Rache für die Abwertung des Ausgegrenzten.

Die Mutter kann ihre Autoritätsrolle nur retten, wenn sie dem Kind hilft, zu seinem Vater eine innere Beziehung der Achtung und Verbundenheit zu entwickeln. Auch der neue Partner der Mutter kann eine positive Beziehung zu diesem Kind nur aufbauen, wenn er eine Grundachtung für den leiblichen Vater des Kindes zum Ausdruck bringt. Wichtig ist z. B., dem Kind ein Bild seines leiblichen Vaters in seinem Zimmer aufzustellen oder aufzuhängen. Ist dieser schon verstorben, ist es hilfreich, die Trauer des Kindes zu achten und zu unterstützen, z. B. durch regelmäßige Grabbesuche und durch eine Grabpflege, in die man das Kind mit einbezieht.

Wird das Kind mit seinem Bedürfnis, eine achtungsvolle Beziehung zu einem verstorbenen Elternteil zu entwickeln, nicht unterstützt, kann es sein, dass es nicht nur widerspenstig und unerziehbar wird, sondern dass es dem Verstorbenen durch einen frühen Tod nachfolgt.

j) Die Ersatzrolle

Verliert eine Mutter ein Kind durch Tod, sei es schon bei der Geburt, sei es durch einen plötzlichen Kindstod oder durch Krankheit oder Unfall, wird oft als Weg der Tröstung auch eine baldige weitere Schwangerschaft empfohlen. Das mag tatsächlich für die Mutter für die nächste Zeit eine Beruhigung ihrer seelischen Schmerzen und ein Herauskommen aus Depressionen bewirken, aber das Kind gerät dadurch unter Umständen in eine problematische Ersatzrolle. Der schnelle emotionale Wechsel zu einem neuen Kind verhindert bzw. erspart der Mutter ein angemessenes Verabschieden des verstorbenen Kindes. Sie trägt in sich ein Bild vom verstorbenen Kind und überträgt es mit hoher Wahrscheinlichkeit auf das nachfolgende Kind. Das erschwert es ihr, das neue Kind in seiner eigenen Originalität wahrzunehmen und es in seinem Anderssein zu bejahen. Das Kind selbst kann den Eindruck gewinnen, mit dem ersten Kind „verwechselt" zu werden. Da die Entwicklung der Selbstwahrnehmung des Kindes mit dem Wahrgenommen-werden der eigenen Originalität zusammenhängt, kann in diesem Fall die Selbstwahrnehmung und damit auch die Selbstbejahung beeinträchtigt sein. Diffuse Ängste, Minderwertigkeitsgefühle, aber auch aggressive Versuche, sein „Ich" zu zeigen, können die Folge sein.

In der Ersatzrolle besteht zudem die Gefahr, als „Balsam" für die seelische Wunde der Mutter funktionalisiert zu werden. In dieser Tröster-Rolle traut sich ein Kind kaum, eine eigene Dynamik zu entwickeln, um der Mutter nicht weh zu tun, u. U. wird es pflegeleicht und anschmiegsam und lernt auf diese Weise nicht, sich durchzusetzen und Konflikte durchzustehen. Jede Funktionalisierung führt dazu, dass das Ich des Kindes wenig wahrgenommen wird und damit das Kind selbst sein Ich eher versteckt und nur eingeschränkt fähig wird, seine Gedanken und Gefühle zu zeigen.

Zudem ist die Wahrscheinlichkeit groß, dass das Kind die

verdrängte Trauer oder auch evtl. vorhandene Schuldgefühle der Mutter im Zusammenhang mit dem Tod des vorangegangenen Kindes übernimmt und dann nicht wagt, das Leben mutig anzupacken. Ängstlichkeit, Unsicherheit, Bedrücktheit, Entscheidungsängste können die Folge sein. Bei manchen führen solche Gefühlsbelastungen durch unbewusste Solidarität mit der Mutter dazu, dass sie auch in der Partnerwahl und später in der Ehe emotional so unsicher und unzufrieden sind, dass sie sich nur mit großen Ängsten auf eine Partnerschaft einlassen, die dann sehr gefährdet ist.

Da das erste Kind die besondere Initiationswirkung für die Frau zum Muttersein hat, bewirkt dessen Tod eine tiefe Gefährdung ihres seelischen Entwicklungsprozesses als Frau und verursacht oft tiefe Minderwertigkeitsgefühle und Selbstzweifel, denn sie hat in ihrer ersten Erfahrung als Mutter das neue Leben nicht schützen und erhalten können. Sie erscheint für sich selbst in ihrer Mutterrolle als Versagerin.

In diesem Minderwertigkeitsgefühl versucht ihr das zweite Kind seelisch in unbewusster emotionaler Solidarität beizustehen. Der subjektive Eindruck, als Mutter eine Versagerin zu sein, führt dann dazu, dass sie beim zweiten Kind gewöhnlich mit extremer Achtsamkeit und Ängstlichkeit vorgeht und im Übermaß ihrer sorgenden Kontrolle diesem Kind den Spielraum seiner Freiheit einengt. Der Glaube an die positive Eigendynamik der Natur geht ihr verloren. Die scheinbare Natürlichkeit des kindlichen Lebensprozesses hatte sich ja bei der Erstgeburt als tödlich erwiesen. So besteht jetzt die Gefahr, das Leben des Kindes als etwas zu betrachten, das man immer und überall „künstlich" am Leben erhalten muss. Der Verlust eines Stückes Urvertrauen bei dieser Mutter überträgt sich meist auf das zweite Kind und führt auch bei ihm u. U. zum Verlust der Leichtigkeit und Gelassenheit, die Kinder sonst oft ausstrahlen. Manchmal finden solche Menschen später durch künstlerische Betätigung oder durch eine besondere Beziehung zur Natur doch wieder zurück zu dem, was seelisch trägt und Halt gibt.

k) Das Lieblingskind

Ein „Lieblingskind" erlebt sich „auf Händen getragen". Wer auf „Händen getragen" wird, lernt nicht selbstständig zu „gehen". Wer auf „Händen getragen" wird, bleibt in einer klein-kindlichen Rolle, in der man von den Eltern auch getragen wurde. Man verzichtet als Lieblingskind darauf, seelisch erwachsen zu werden, verzichtet auf eine ausgeprägte Trotzphase, verzichtet darauf, Aggressionen zu zeigen, verzichtet als Kind und Heranwachsender, sich dort von den Eltern zu unterscheiden, wo es für diese unangenehm und verunsichernd wäre. Deshalb wird dieses Kind von den Eltern nicht in seiner Originalität, die deren Verständnis an die Grenze bringen könnte, wahrgenommen.

Man lernt als „Lieblingskind", mit Charme und Diplomatie Probleme zu lösen, beherrscht es, Mitmenschen, die einen nur oberflächlich kennen, „um den Finger zu wickeln", denn das hat man schon als Kind gegenüber den Eltern mit Erfolg geübt; aber bei Konflikten, in denen man einander auch konfrontieren und in Frage stellen müsste, wird man ängstlich und hilflos, ja kann sogar in Panik geraten.

Unangenehme Spannungen werden verdrängt, entsprechende Konflikte unter den Teppich gekehrt. Man nimmt sich gegenseitig nicht zu ernst, um Auseinandersetzungen zu vermeiden.

Unbewusste Wut gegen die, die man meint, nur zu lieben, kann sich in Zähneknirschen während des Schlafs äußern, oder in Träumen, in denen man mit wilden Tieren oder Angst machenden Ungeheuern zu tun hat, die die Aggressionen widerspiegeln, die man zu verdrängen gelernt hat.

Man hält sich für sehr wichtig, beginnt aber insgeheim, sich und seine Mitmenschen zu verachten. Man ist gewohnt, im Mittelpunkt zu stehen und wird wütend, wenn andere Leute einem dies später nicht mehr zugestehen; aber man nimmt sich innerlich selbst nicht sehr ernst, versteckt entwickelt man Minderwertigkeitsgefühle, weil man den Eindruck hat, man sei nur liebenswert, wenn man sich immer von der heiteren, unbeschwerten Seite zeigt. Man fühlt sich zu Dank verpflichtet und möchte doch den anderen am liebsten ins Gesicht springen, unbewusst spürt man: Man hat zu viel bezahlt für die angenommene Rolle, die man schon in der Kindheit bekommen hat und die aufzugeben so schwer ist, weil sie so viele Annehmlichkeiten und Bevorzugungen enthalten hat.

Für das Erwachsen-werden hat das Lieblingskind wenig Vorbilder in der Familie, denn Eltern, die ein Lieblingskind brauchen, sind selbst an einem wichtigen Punkt ihrer Seele nicht erwachsen geworden und versuchen deshalb, sich die Anerkennung und Wertschätzung, nach der sie sich sehnen, von ihrem Kind zu holen.

Man ist hin und her gerissen zwischen dem Bedürfnis, noch Kind bleiben zu dürfen und entsprechend verwöhnt zu werden und dem Bedürfnis, endlich alle Gefühle ehrlich zeigen, sich klar von jedem anderen abgrenzen und unterscheiden zu dürfen und dabei trotzdem noch geachtet zu werden. Lieblingskinder glauben nämlich nicht, dass sie auch dann liebenswert und achtenswert sind, wenn sie ihr „wahres Ich" zeigen würden. Sie haben von klein an so sehr gelernt, ihr Inneres zu verbergen und zu verleugnen, dass sie sich tatsächlich selbst nicht kennen und begonnen haben, ihre Masken, die sie ihren Mitmenschen präsentieren für ihr „wahres Ich" zu halten. Aber ihr Unbewusstes vermittelt ihnen immer wieder das Gefühl, dass dies nicht stimmt, dass da noch etwas anderes in ihnen lebendig ist, das noch nicht zur Welt gekommen ist. Deshalb sind solche Menschen oft von einer für sie unerklärlichen Sehnsucht erfüllt, bei der sie nicht erkennen können, wodurch sie gestillt werden könnte.

Diese Menschen erzählen von einer wunderschönen Kindheit, die natürlich auch deshalb so angenehm war, weil man auf die Spannungen und Auseinandersetzungen verzichten konnte, die mit dem Erwachsen-werden verbunden sind, weil man in der bequemen Kind-Rolle bleiben durfte und einem unangenehme Aufgaben immer erspart geblieben sind.

Sie möchten gerne „auftreten" und entwickeln dabei auch viel Talent, geraten aber zwischendurch in bedrückende Selbstzweifel und Unsicherheiten. Als erwachsene Menschen wollen sie nicht nur das Lieblingskind der Eltern, sondern auch der Mitmenschen und der Öffentlichkeit sein, müssen aber ständig darauf achten, dass nicht sichtbar wird, wie sehr sie in wichtigen seelischen Dingen noch ein Kind geblieben sind. Deshalb kann Lampenfieber bei ihnen sehr extrem werden.

Haben Lieblingskinder Geschwister, gibt es darunter nicht selten ein „schwarzes Schaf", das den Eltern besondere Sorgen und Kummer bereitet, oder es gibt in der Verwandtschaft eine Person, die stark abgewertet wird. Manchmal ist das sogar ein Elternteil. Diese letzte Situation haben wir in der „Ersatz-Partner-Rolle" näher beschrieben. Eine entscheidende Chance für das „Lieblingskind", in seiner seelischen Entwicklung voranzukommen, besteht in einer positiven Verbündung mit seinem „Schatten" im System, also mit jener abgewerteten Person.

10. Rollen in der Geschwisterfolge

a) Die Ältesten-Rolle

Das ältere von mehreren Kindern ist meist mehr mit der Seele des Vaters verbunden, wenn dieser in der Familie erreichbar ist. Wenn aber die Mutter in der Ehe die deutlich dominantere und das älteste Kind eine Tochter ist, dann ist die Wahrscheinlichkeit größer, dass sie sich an der Mutter orientiert. Die ältesten von mehreren Kindern werden gewöhnlich strenger, d. h. ängstlicher erzogen als die später geborenen. Zudem hatten sie besonders in früheren Generationen den Eltern in praktischen Arbeiten beizustehen und auf kleinere Geschwister aufzupassen. Sie wurden also in die Rolle einer „Elternstütze" und „Eltern-Stellvertreter" gegenüber den jüngeren Geschwistern gedrängt. Sie mussten schon sehr bald vernünftig, ernsthaft, mitsorgend und vorbildlich sein. Sie lernten schon frühzeitig, umsichtig zu handeln und im Sinne der Erwachsenen mitzudenken. So verloren sie sehr bald das Kindliche und Unbeschwerte. Sie opferten ihre Kindlichkeit und damit ihre Kindheitsphase den Bedürfnissen der Familie.

Wenn Mädchen in eine solche Rolle geraten, versuchen sie manchmal auszubrechen, indem sie sehr früh heiraten. Auch das andere Extrem ist möglich: Wenn sie in einer Ersatz-Mutterrolle in jugendlichem Alter auf ein neugeborenes Geschwisterchen aufzupassen haben, kommen sie in eine frühe seelische Mutterrolle und entwickeln sich darin schon so einfühlsam sorgend und lebendig, dass sie kein Bedürfnis nach eigener Familie spüren und heiraten deswegen oft extrem spät oder gar nicht mehr.

Als Mütter sind sie später sehr umsichtig und selbstlos, die Mutter-Rolle haben sie ja von klein auf gelernt, aber sie haben manchmal wenig Spielraum für Eskapaden und zu große Ausgelassenheit ihrer Kinder, vor allem, wenn sie selbst als Kinder für das, was ihre jüngeren Geschwister angestellt haben, bestraft worden sind; denn sie hatten ja als die Ältesten aufzupassen und Verantwortung zu tragen.

Später, in ihrer eigenen Familie, ist die Wahrscheinlichkeit groß, dass ein Kind „ausflippt", um der Mutter zu zeigen, dass es im Leben noch etwas anderes gibt, als Ernsthaftigkeit, Pflicht und Vernünftigkeit. Bei den Kindern in solchen Familien sind die Gegensätze zwischen „Vernünftigkeit" und „Coolness" besonders ausgeprägt. Bei Söhnen in der Ältestenrolle fällt die Ernsthaftigkeit und Umsichtigkeit nicht so stark auf, da sie im Berufsleben mit diesen dort erwarteten Fähigkeiten als zuverlässig, aber wenig auffällig gelten. In der Ehe zeigen sie sich eher emotional verschlossen und schwer zugänglich. Sie haben ja als Kinder auch nicht lernen können, ihre eigenen Gefühle wahrzunehmen und auszudrücken, ihre Aufmerksamkeit war immer nach außen gerichtet.

b) Die Sandwich-Rolle

Wenn in einer Familie das zweite Kind geboren wird, ist es als Säugling in seiner extremen Bedürftigkeit und Angewiesenheit auf die umfassende Zuwendung der Mutter am mächtigsten, den Platz bei der Mutter zu belegen. Das erste Kind wird deshalb von der Mutter etwas weggeschoben und verliert seinen bisherigen privilegierten Platz bei der Mutter.

Als Ersatz wendet sich das erste Kind stärker dem Vater zu und sucht bei ihm einen guten Platz zu bekommen. Wenn der Vater gut erreichbar ist und dem Kind einen guten Platz bei sich gibt, wird das Kind ein zufriedenes „Vater-Kind" werden (seelisch tiefer mit dem Vater verbunden). Kommt ein drittes Kind und ist der Vater für das erste Kind erreichbar, belegt das dritte Kind wieder den Platz bei der Mutter; das erste Kind ist aber gewöhnlich das Stärkste, um sich den Platz beim Vater zu sichern. Deshalb hängt dann das zweite Kind, also das mittlere, „in der Luft" und wird entsprechend rebellieren und Schwierigkeiten machen oder auch sich verschließen. Dieses Kind ist das so genannte Sandwich-Kind mit dem ungünstigsten Platz in der Geschwisterfolge.

Sind Großvater oder Großmutter oder eine andere mögliche Bezugsperson in der Nähe, wird sich das Sandwich-Kind dort einen guten Platz zu erobern versuchen und deshalb eine schwächere Elternbeziehung entwickeln.

Solche Kinder sind manchmal am längsten im Elternhaus und können sich nur sehr schwer davon lösen, da sie ein Nachholbedürfnis haben und offensichtlich warten, bis die anderen Geschwister außer Haus sind, um endlich die Eltern für sich zu haben.

Ein anderes Problem kann sich stellen, weil sie als Großvater- oder Großmutterkinder durch den oft frühen Verlust durch Tod dieser Bezugspersonen in eine ähnlich schmerzhafte Situation kommen, wie wenn ein Elternteil stirbt. Aber dem Kind wird beim Tod der Großeltern nicht das entsprechende Verständnis und Mitgefühl zuteil, da die Umgebung meist nicht erkennt, was es für das Kind bedeutet, seine wichtigste Bezugsperson verloren zu haben. Das Schicksal eines Sandwich-Kindes kann auch das ältere von zwei Kindern treffen, wenn der Vater als Hauptbezugsperson nicht erreichbar ist, wenn das zweite Kind geboren ist.

Sandwich-Kinder sind auf Grund ihrer seelisch benachteiligten Position oft sehr eifersüchtig und neidisch auf die anderen Geschwister und gelten in ihrem rebellischen Verhalten gegen die Eltern als die „schwierigen Kinder". Die Eltern können oft nicht erkennen, dass die anderen beiden Kinder eine objektiv bevorzugte Stellung haben und dass die Aggressivität des Sandwich-Kindes eine berechtigte Rebellion gegen seine seelisch nicht gleichberechtigte Lage ist. Da das Sandwich-Kind seinen Zorn darüber nicht immer den Eltern zeigt, weil es ja befürchtet, dann noch weniger liebenswert zu erscheinen, macht es seinen Geschwistern das Leben schwer, so dass die Eltern sich zusätzlich auf deren Seite stellen und diese in Schutz nehmen, was das Sandwich-Kind als neuerliches Unrecht empfindet. So kann es zu einem Teufelskreis steter Verschlimmerung seiner Lage kommen.

Um diesen Teufelskreis zu durchbrechen, ist es wichtig, dass die Eltern mit diesem Kind zwischendurch etwas Besonderes unternehmen. Es soll also manchmal Vater oder Mutter für sich allein haben dürfen. Damit kann die Benachteiligung durch die gegebene privilegierte Stellung der anderen Kinder etwas ausgeglichen werden. Außerdem sollten die Eltern mit dem Kind nach der Geburt des dritten

Kindes über den Schmerz des Weggeschobenwerdens sprechen und sich ihm besonders zuwenden und viel Verständnis für alle seine Reaktionen zeigen. Möglich sind z. B. starke Eifersuchtsausbrüche, ein schnelles Beleidigtsein oder andere Formen von Überempfindlichkeit.

Wenn solche Gefühle in der Kindheit nicht ausgedrückt werden oder kein Verständnis bei den Eltern finden, können Sandwich-Kinder später in der Ehe sehr mimosenhafte Züge entwickeln und mit extremen Eifersuchtsreaktionen die Ehe belasten.

c) Die Nesthäkchen-Rolle

Vor allem, wenn das jüngste von mehreren Kindern ein „Nachzügler" ist, also mit einem etwas größerem Abstand, z. B. fünf oder mehr Jahre, nach dem vorangegangenen Kind geboren wird, konzentriert sich die ganze Familie auf das Jüngste. Alle sind fasziniert von dem kleinen neuen Wesen und versuchen etwas von seiner sich langsam entwickelnden Aufmerksamkeit zu erhaschen. Weil die Entwicklung seiner Mimik und Gestik, seiner Fähigkeiten sich zu bewegen und sich zu äußern so interessant sind und weil es so viel Rücksichtnahme und Fürsorge von Seiten der Familienangehörigen benötigt, wird sehr viel sonstiger Konfliktstoff in der Familie davon überlagert und verdrängt. Ein kleines Kind in der Familie ist nicht selten eine willkommene Ablenkung von unangenehmen Konflikten, die sonst in der Familie „in der Luft" liegen. So wird das faszinierende kleine Wesen wie ein Friedensbringer und Erlöser erlebt. Da es von jedem etwas bekommt und von jedem lernen kann, und weil ihm Vorrechte der Schonung gewährt werden, kann es sich recht unbeschwert entwickeln, lernt aber unter Umständen zu wenig, sich auch mühsam durchzusetzen und Konflikte durchzustehen.

Es wird ihm der Schmerz erspart, von einem jüngeren

Geschwisterchen vom guten Platz bei der Mutter weggeschoben zu werden. Das jüngste Kind übernimmt oft die zarten Sehnsuchtsgefühle und Wehmutsgefühle des schwächeren Elternteils. Das jüngste Kind ist für das Empfinden der Eltern Symbol des seelisch Noch-nicht-entfalteten, Verheißung für das Noch-zur-Welt-kommen-dürfen ihrer zarten seelischen Seiten, die noch nicht zum Ausdruck gebracht worden sind, Projektionsträger für das Weiche in ihrem Wesen. Trägt ein Elternteil einen besonders tiefen seelischen Schmerz aus der Kindheit oder z. B. wegen des Todes eines vorangegangenen Kindes in sich, ist die Wahrscheinlichkeit sehr groß, dass das Jüngste eine besondere emotionale Solidarität dafür entwickelt.

Alle diese problematischen Rollen, in die man als Kind hineingeraten kann, führen dazu, dass man schon als Kind einen seelischen „Job" bekommt. Damit werden die Möglichkeiten, das eigene „Ich" zu entdecken und zu entwickeln und auf eigene Weise einen Zugang zur „Welt" und darin einen eigenen Ort für sich zu finden, eingeschränkt.

Die Problematik dieser kindlichen Rollen stellen eine Art seelischer Hausaufgaben dar, die irgendwann in der weiteren Lebensgeschichte gelöst werden müssen, sonst belasten sie ein Leben lang das eigene Selbstwertempfinden und das Zusammenleben mit den Mitmenschen.

V. SEELISCHE BELASTUNGEN ÜBERWINDEN UND VERHINDERN

1. Befreiung von seelischen Belastungen

Seelische Belastungen sind oft eine Einengung des seelischen Raumes durch die seelischen Energien der Eltern oder anderer Personen aus dem Verwandtschaftssystem.

Die psychoanalytische Sicht des Menschen hat aufgedeckt, wie sich Belastungen in der Kindheit auf den Charakter, auf die seelische Gesundheit und auf das weitere Schicksal des Menschen auswirken können. Die Familientherapie hat darüber hinaus sichtbar gemacht, wie auch nicht aufgearbeitete Kindheitsschicksale der Eltern als Belastung an die nächste Generation weitergegeben werden.

Deshalb ist es für die Befreiung von seelischen Belastungen nicht nur notwendig, die eigene Kindheit zu bedenken, sondern auch auf das Leben der Eltern bis zurück in deren Kindheit hinzuschauen; aber dann auch hinzuspüren auf die eigene seelische Situation, um zu entdecken, wie sich das elterliche Schicksal in der eigenen Gefühlswelt niederschlägt. Das ist aber nur der erste Schritt, der eine Art seelische Bestandsaufnahme bedeutet.

Im zweiten Schritt geht es bei jenen seelischen Belastungen, die von Seiten der Eltern kommen, darum, Vater und Mutter innerlich loszulassen. Dieses Loslassen ist ein Suchen nach der eigenen Originalität, nach dem, was mich von den Eltern unterscheidet; es ist aber auch das Sehen und Geltenlassen der Gemeinsamkeit und es ist vor allem das Wahrnehmen und Anerkennen dessen, was man von den Eltern bekommen hat, wobei das Wichtigste das Leben und Dasein selbst ist.

Es ist wohl das besondere Verdienst von Bert Hellinger, aufgedeckt zu haben, dass ein Loslassen und ein Sich-Verabschieden von den Eltern in rechter Weise nur möglich ist, wenn man die Eltern „nimmt", sie achtet und würdigt in ihrer Rolle für das eigene Dasein. Ohne diese Ehrerbietung gegenüber den Eltern, die unabhängig von deren moralischem Verhalten zu vollziehen ist, gibt es keine Lösung aus den Verstrickungen, in die man als Kind dieser Eltern hineingeraten ist.

Eine Verweigerung dieser Ehrerbietung würde bedeuten, dass man sich als Richter oder Ankläger über die Eltern stellt und damit in eine unangemessene Rolle gerät; denn die primäre Rolle, die man als Kind hat, ist die Rolle des Empfangenden. Man hat das Leben von diesen Menschen erhalten, und damit ist die grundlegende Struktur der Beziehung die von Gebenden und Empfangenden. Und alles, was sich gegen diese Struktur stellt, steht im Widerspruch zu den vorgegebenen Tatsachen.

In einem solchen Widerspruch zu leben, lähmt wesentliche Energien in der eigenen Seele und führt zu den schon beschriebenen Formen unbewusster Liebe. Denn die unbewussten Tiefenschichten unserer Seele kennen die grundlegende Struktur unseres Daseins und werden sie in unbewussten Aktionen anerkennen, wenn das Bewusstsein sich dagegen wehren sollte.

a) Sich von den Eltern unterscheiden

Das Kind als der schwächste Teil der Seele der Eltern ist in seinem seelischen Raum zuerst von den Verdrängungen und Beziehungskonflikten seiner Eltern besetzt. Um das eigene Ich zu entwickeln, muss es die Chance bekommen, sich im

Raum der eigenen Seele auszubreiten und sich im äußeren Raum der Welt auszudrücken. Das geht umso leichter, je mehr die Eltern ihre eigene Seele zur Welt kommen lassen, starke Gefühlsenergien also selbst ausdrücken. Dadurch kann das Kind die Eltern samt ihrer Innenwelt wahrnehmen und kann das eigene Dasein und die eigenen Gefühle als das Eigene erkennen. Und so kann es entdecken, dass die von den Eltern übernommenen Gefühle mit der Lebensgeschichte der Eltern bzw. mit ihren augenblicklichen Problemen zu tun haben.

Dadurch ist es dem Kind möglich, die Bedeutung der Gefühle, die es in sich spürt, recht zuzuordnen und die in diesen Gefühlen enthaltenen Aufgaben den Eltern zu überlassen. So bleibt es davor bewahrt, seine Kräfte in letztlich vergeblicher Weise für Aufgaben einzusetzen, die es überfordern und dadurch lähmen. Und es bekommt innerlich Raum für die Gefühle, die mit seiner eigenen Welterfahrung zu tun haben. Es ist also die Aufgabe eines Kindes und heranwachsenden Menschen, sortieren und unterscheiden zu lernen, was in seiner emotionalen Welt mit dem Leben der Vorfahren, bzw. mit dem eigenen Leben zu tun hat. Es ist nicht nur ein Recht der Kinder, sondern auch eine seelische Pflicht, sich von den Eltern körperlich wie auch „innerlich" unterscheiden zu lernen und damit seelisch geboren zu werden.

Ein Beispiel dazu:

Ein Jugendlicher hatte große Angstzustände und entsprechende Schwierigkeiten in der Schule. Im Beratungsgespräch stellte sich heraus, dass seine Mutter ihr erstes Kind verloren hatte. Mit hoher Wahrscheinlichkeit ist damit zu rechnen, dass diese Frau es nicht schaffte dieses Kind zu verabschieden, da sie von großen Scham- und Schuldgefühlen geplagt war und deshalb auch nach Jahren nicht in seinen Tod einwilligen konnte. Die Schuldgefühle führten langfristig zu Minderwertigkeitsgefühlen, zu einer tief sitzenden

Angst, nichts wert zu sein. Diese Gefühle landeten in der Seele ihres jüngsten Kindes.

In der Therapie geht es darum, dass dieser Sohn auf seine Mutter und auf ihre Geschichte mit dem toten Kind hinschaut und erkennt, dass seine belastenden Gefühle seiner Mutter gehören. Sobald es ihm gelingt, sich von seiner Mutter zu unterscheiden und so die Gefühle in rechter Weise zuzuordnen, kann er im Mitgefühl mit der Mutter sich selbst mit seinem eigenen Dasein wahrnehmen und seine eigenen Energien für sein Leben einsetzen.

b) Den „angemessenen Platz" für die Eltern finden

Der eigene seelische Raum kann sehr eng sein, wenn die Eltern (oder ein Elternteil) sich zu sehr in das Leben einmischen und man es nicht gewagt hat, ein eigenes Werte- und Lebenssinn-System zu entwickeln, das von den Eltern und ihren Werten unabhängig existiert. Um den eigenen seelischen Raum zu weiten für eine gesunde eigene Ich-Entwicklung, ist ein recht vollzogenes Loslassen und Achten der Eltern notwendig.

Dies kann durch einen „Abschiedsbrief" geschehen. Auch wenn ein Elternteil schon verstorben ist, ist ein solches Abschiednehmen möglich und in manchen Fällen dringend geboten.

Dabei ist es z. B. möglich, diesen Brief im Grab der Eltern bzw. eines Elternteils zu vergraben oder auf der Rückseite eines Bildes, das man von diesem Elternteil in der Wohnung aufgestellt oder aufgehängt hat, zu befestigen. Es ist auch möglich, einen solchen Brief an einem „guten Platz" in der Natur der Erde zu übergeben oder ihn dort zu verbrennen.

Wenn die Eltern noch leben, ist es nicht immer notwendig, ihnen diesen Brief auszuhändigen; dies ist aber vor allem dann angebracht, wenn sich die Eltern in das Leben ihrer

Kinder einzumischen versuchen. Wenn ein solcher Brief tatsächlich den Eltern übergeben oder ihnen in anderer Weise der Inhalt mitgeteilt wird, ist darauf zu achten, dass man nicht neugierig und sehnsuchtsvoll auf ihre Antwort wartet. Das Verhalten der Eltern und ihre Reaktion darf von den Kindern nicht wie von einer objektiven Distanz aus bewertet werden.

Die folgende Gliederung stellt wichtige Punkte und Gedanken zusammen, die für ein solches Verabschieden und Achten der Eltern wesentlich sind: Demselben Ziel dient das daran anschließende „Therapeutische Glaubensbekenntnis".

Abschiedsbrief: „Die Eltern achten und loslassen"
(Botschaft an die Eltern, um innerlich frei und eigenständig zu werden)

Ich teile den Eltern mit,

1. Was ich von ihnen bekommen habe und wofür ich dankbar bin:
- körperlich (mein Körper, körperliche Fähigkeiten, …)
- geistig (geistige Fähigkeiten, …)
- seelisch (emotionale, charakterliche, musische, künstlerische Fähigkeiten, …)
- materiell (finanziell, Geschenke, Unterstützung, handwerkliche Hilfe, Erbe, …)

2. Was ich unter Umständen als Belastung mitnehme:
- Verletzungen? (Demütigungen, Abwertungen, Schläge, Spott, Ablehnung, Selbstmorddrohungen der Eltern, Zurücksetzung, Benachteiligungen, …)
- Vernachlässigungen? (Alleingelassenwerden, Abwesenheit der Eltern, hatten andere Interessen, Teilnahmslosigkeit, in schwierigen Situationen im Stich gelassen, zu wenig Trost und Ermutigung, nicht wahrgenommen worden, …)
- Über-Forderungen? (abwesenden Papa ersetzt, ein Elternteil getröstet und gestützt, Ehe der Eltern zusammenge-

halten, wegen mir haben sie geheiratet, nur wegen mir sind sie zusammengeblieben, Schuldzuweisung an das Kind, man hatte immer schon einen Job, eine Aufgabe für das Kind, es gab keine Zeit der Ich-Findung und der eigenen Weltentdeckung, ...)

- Selbst-Über-Forderungen? (als Kind das Leid der Eltern gespürt, wollte sie erlösen, sie glücklich machen, immer brav sein, immer ihren Willen erfüllen, Eltern nie traurig machen, sie nie verunsichern, auf eigene Trotzphasen verzichtet, immer auf Wohlergehen der Eltern geachtet, sich selbst übersehen, auf eigene Ich-Entwicklung verzichtet, ...)

- Missbrauch? (schwer verletzte körperlich-sexuelle Integrität und Identität).

3. Wie ich derzeit ihnen gegenüber empfinde:

- was ich schon verzeihen kann;
- was ich noch nicht verzeihen kann;
- worunter ich noch leide, wo noch Angst in mir ist, ...

4. Was ich gelernt habe – auch durch Leid und Belastungen:

- wie ich mich zu schützen weiß;
- wie ich gut mit mir umzugehen gelernt habe;
- wie ich die Beziehungen in meiner Familie und zu Freunden gestalte worauf ich besonders achte – was ich zu vermeiden suche, was mir gut tut, was mir wertvoll ist – was mir nicht gut tut, wann ich NEIN sage.

5. Ausdrücken, dass ich Mutter und Vater achte als Mittler Gottes[7] (bzw. der Mutter Natur) für mein Dasein:

- dass ich mein Leben von ihnen annehme;
- dass sie einen angemessenen guten Platz in meinem Herzen und symbolisch (Bild) in meiner Wohnung bekommen;
- dass ich weiß, dass ich nicht das Recht habe, über ihr Leben zu urteilen;

- dass ich schon einiges aus ihrer Lebensgeschichte besser verstehe, aber ich muss (und kann) nicht alles verstehen, um sie zu achten;
- dass ich versuche, auch aus dem zu lernen, was im Leben der Eltern belastend und schlimm war;
- dass ich weiß, dass ich das Recht habe, ein eigener Mensch zu sein, ein eigenes Leben leben zu dürfen, eigene Entscheidungen treffen zu dürfen, auch eigene Fehler machen zu dürfen.

Therapeutisches Glaubensbekenntnis

- Ich glaube, dass ich nicht nur ein Kind meiner Eltern bin, sondern ein Kind Gottes und ein Kind der Mutter Erde.
- Und ich glaube, Gott sagt JA zu mir und zu dem Neuen, das mein Leben in diese Welt gebracht hat; er achtet mich in meiner Originalität und in meinem Anders-Sein.
- Bei ihm bin ich auch dann geachtet, wenn es meinen Eltern nicht gelingt, mich zu achten.
- Ich nehme mein Leben von den Eltern an und glaube, dass die eigentlichen Wurzeln meines Ichs in Gott sind und in der Mutter Natur.
- Ich stehe auf dem Boden der Mutter Erde, sie gibt mir Halt.
- Ich atme die Luft der Mutter Erde, sie gibt mir Kraft und weitet meine Seele.
- Ich nähre mich von den Früchten der Mutter Natur und weiß mich ihr in Dankbarkeit verbunden und gehe sorgsam mit ihr um.
- Ich freue mich an der Schönheit und der Lust der Mutter Natur und lasse an meiner Freude auch andere teilhaben.
- Ich weiß um den Schmerz der seelischen Geburt, um die Trauer, die das Loslassen von der Elternrolle bei meinen Eltern auslösen kann.
- Ich weiß mich verantwortlich für meine Eltern, wenn sie in materielle Not geraten sollten.

- Ich weiß mich nicht verantwortlich für die seelische Not meiner Eltern, denn ich weiß, dass ich sie als ihr Kind nicht wirklich daraus erlösen kann.
- Sie sind seelisch selbst dafür verantwortlich, sie haben sich als Ehepartner gegenseitig zu helfen oder/und sich kompetente Hilfe von außen zu holen.
- Ich entlasse meine Eltern aus der sorgenden Elternrolle für mich als ihr Kind.
- Ich entlasse mich aus der Kinderrolle, denn ich bin erwachsen und stehe auf eigenen Beinen, habe eine eigene Familie (ein eigenes Leben) und schaue in die Zukunft meiner Familie (meines Lebens) hinein.
- Was ich an Liebe, an Zuwendung und ... erhalten habe, will ich weitergeben an meine Familie (an meinen Ehepartner und an meine Kinder) und an ...,
- denn der Strom des Lebens geht nicht nach rückwärts, sondern fließt weiter nach vorn in die Zukunft.

Ich achte meine Eltern als das Tor, durch das ich in diese Welt eintreten konnte

Zusätzlich zum oben dargestellten Abschiedsbrief „Die Eltern achten und loslassen" ist bei einem Suchtkranken noch besonders hervorzuheben, dass er beide Eltern in gleicher Weise achtet.

Botschaft eines Alkoholkranken an die Eltern:

Ich akzeptiere und achte euch beide in gleicher Weise als Mittler der Mutter Natur und als Mittler Gottes für mein Dasein.
Auch wenn ich emotional mit einem Elternteil mehr Kontakt und Austausch hatte (und wohl noch haben werde), gilt meine grundsätzliche Achtung euch beiden in gleicher Weise.

Ich kann euere Konflikte, die ihr miteinander habt, nicht lösen.

Ich kann das Unrecht, das der eine von euch dem anderen angetan hat, nicht ausgleichen.

Ich kann die Verletzungen, die der eine von euch dem anderen angetan hat, nicht heilen.

Ich kann, was der eine von euch dem anderen an Zuwendung vorenthalten hat, nicht ersetzen.

Ich bin seelisch zwischen euch geraten und will mich daraus lösen, damit ich ein eigener Mensch werden kann.

Dafür möchte ich von euch beiden „nehmen", was mir zum Leben hilft.

Ich möchte jeden von euch mit seinem Schicksal, mit seinen Belastungen und Verstrickungen besser verstehen und achten lernen.

Ich möchte aus dem Schicksal eines jeden von euch für meinen Lebensweg lernen.

Ich will eure Ehe nicht allgemein bewerten und beurteilen, sondern erkennen und verstehen, was sie für mich in hilfreicher und belastender Weise bedeutet hat und noch bedeutet.

Ich will auch von den Belastungen und Verletzungen in euerer Ehe lernen.

c) Von der Identifikation zum Mitgefühl

Ein Kind kann, wie bereits ausgeführt, sich im Mutterleib nicht von Körper und seelischen Energien der Mutter unterscheiden. Es ist mit ihr identifiziert. Nach der Geburt hängt die Entwicklung des eigenen Ichs des Kindes entscheidend mit der Wahrnehmung der Haut und der Entwicklung einer seelischen Haut zusammen. Ziel dieser Trennung und Unterscheidung sind nicht Beziehungslosigkeit und Einsamkeit, sondern Beziehungsfähigkeit und Gemeinschaft in bewusster Ich-Erfahrung und im Mit-Gefühl nicht nur mit der Mutter, sondern auch mit anderen Personen.

Die Fähigkeit, Gefühle aller Art auch mit anderen Menschen mitempfinden zu können, ist eines der wichtigsten Charakteristika für die Menschlichkeit des Menschen. Mitgefühl unterscheidet zwischen Ich und du, zwischen meinem Leben und deinem Leben, zwischen meinen Lebensumständen und deinem Lebensumständen, zwischen meinen Gefühlen und deinen Gefühlen.

Im echten Mitgefühl nehmen wir zwei Menschen gleichzeitig wahr: uns selber und den anderen. Und wir unterscheiden, zu wem ein Gefühl gehört und wer die Verantwortung dafür hat. Der primäre Gefühlsträger muss lernen, seine Gefühle und ihre Botschaften zu verstehen und die Kraft, die in ihnen liegt, anzunehmen und sie verantwortungsvoll einzusetzen. Der Mitfühlende kann in seiner Anteilnahme dem anderen helfen, ein Gefühl zuzulassen, auszudrücken und auszuhalten und die darin enthaltene Botschaft zu verstehen. Anteilnahme und Mitgefühl können also Hilfe zur Selbsthilfe sein.

Wenn die Unterscheidung zwischen eigenem primärem Gefühl und Mitgefühl nicht getroffen wird, kommt es zu Formen von Identifikation, die eine entmündigende Wirkung haben können oder den anteilnehmenden Menschen überfordern und entmutigen oder auch aggressiv machen oder sie führen zu gegenseitiger Verwirrung und Hilflosigkeit.

Die seelisch hilfreiche Spannung im gesunden Mitgefühl lässt sich mit dem Bild einer tiefen Grube darstellen, an deren Rand der Helfer steht und hinab sieht zu dem leidenden Menschen, der am Boden der Grube liegt. Wenn der Helfer nur vom Rand aus auf den Leidenden in der Grube einzureden oder mit ihm über dessen Problem zu reden versucht und ihm erzählt, wie schön es dort oben ist, wo die Sonne scheint und die Blumen blühen, ist er für diesen wohl zu weit entfernt; der Leidende fühlt sich mit seinem inneren

Zustand nicht wahrgenommen und nicht emotional verstanden. Wenn aber der Helfer hinabsteigt, um dem Leidenden ganz nahe zu sein, um seine Situation mitzuempfinden, dann kann es sein, dass er selbst seinen Horizont verliert und im reinen Mitgefühl nur noch mit dem Leidenden mitweint oder mit-schimpft und deshalb nicht mehr helfen kann.

Der Helfer hat die wichtige innere Aufgabe, dem Leidenden so nahe wie möglich zu sein, wirklich an seinem Schicksal und Gefühl innerlich Anteil zu nehmen und gleichzeitig den eigenen Horizont sowohl im Bewusstsein wie im Gefühl zu bewahren. Er spürt sich selber mit den konstituierenden Umständen und Gefühlen seines eigenen Lebens und gleichzeitig hat er Mitgefühl mit dem anderen.

Im Bild der Grube heißt dies, dass der Helfer gleichzeitig seelisch an beiden Orten sein muss: am Rande der Grube, um den eigenen Horizont nicht zu verlieren, und er muss am Boden der Grube beim Leidenden sitzen, um an dessen Situation Anteil zu nehmen. Die Spannung zwischen diesen beiden Positionen muss er innerlich wahrnehmen und aushalten. Im Aufrechterhalten dieser inneren Spannung, die auch unbewusst ausstrahlt auf den anderen, liegt die helfende Energie.

Wie geschehen diese beiden seelischen Verhaltensweisen praktisch? Für die Anteilnahme ist es wichtig, Augen und Ohren auf das Gegenüber zu richten, um sein Gesicht, seine Mimik, seine Worte und den Klang seiner Sprache, wie auch die Haltung seiner Hände, seiner Beine und seines Körpers wahrzunehmen; dann gilt es, auch mit den eigenen Händen und dem eigenen Körper eine Haltung zu finden, durch die ich mit möglichst großer Fläche die seelische Ausstrahlung seines ganzen Körpers mit meinem ganzen Körper aufnehmen kann. Dabei darf die Körperhaltung des Helfers aber nicht bedrohlich oder vereinnahmend wirken, sondern muss Abstand und Raum lassen, in den hinein der andere mit seinen Worten und Gesten sein Inneres zum Ausdruck bringen kann, das man nun gemeinsam mit dem nötigen Abstand „betrachten" kann.

Wenn der Helfer spürt, dass die seelischen Energien seines Gegenübers zum Beispiel in Form von tiefem Schmerz, Trauer oder Zorn so gewaltig auf ihn einwirken, dass sie ihn zu überschwemmen und ihm den eigenen Horizont zu rauben drohen, ist es hilfreich, die physikalischen und biologischen Grundphänomene seines eigenen Körpers wahrzunehmen: seinen eigenen Atem, auch sein Körpergewicht, wie es auf die Sitzunterlage drückt, die Haltung der Beine und ihr Kontakt zum Boden, die Haltung der Hände und ihr Kontakt zum übrigen Körper. Diese Selbstwahrnehmung kann die Grundlage dafür sein, auch den Abstand zum Gegenüber und den Unterschied der Wirklichkeit des eigenen Lebens gegenüber dem Menschen, für den man Mitgefühl entwickelt, sich bewusst zu machen.

Die Unterscheidung zwischen Ich und Du, zwischen Mitgefühl und Selbstwahrnehmung ist übrigens auch in anderen menschlichen Beziehungen hilfreich, zum Beispiel zwischen Eltern und Kindern, zwischen Ehepartnern, oder wenn man einem Freund oder guten Bekannten bei der Schilderung eines persönlichen Problems zuhört. Diese Unterscheidung lässt den anderen spüren, dass er ernst genommen wird; aber er bekommt durch den kritischen Zuhörer eine Horizonterweiterung und neue Perspektiven für seine Probleme erschlossen. Jede gesunde Form mitmenschlicher Liebe, ob in der Partnerschaft oder in der helfenden Nächstenliebe gehorcht diesem Gesetz, zwei Menschen gleichzeitig seelisch wahrzunehmen und ernstzunehmen: den anderen und sich selbst.

Die Unterscheidung von Ich und Du ist der entscheidende Entwicklungs- und Geburtsprozess des menschlichen Ichs. Viele seelische Belastungen kommen daher, dass die Ich-Du-Unterscheidung noch zu wenig entwickelt ist, und die natürliche Identifikation mit der Mutter und dem Vater oder anderen nahen Verwandten keine Auflösung erfahren hat, die Geburtsprozesse des Ichs also blockiert waren. Ursachen dafür haben wir ausführlich im Kapitel über die Besonderheit der kindlichen Seele behandelt.

Um sich selbst von seelischen Belastungen zu befreien, ist es deshalb notwendig, sich von den Eltern bzw. von einem nahen Verwandten, mit dem man durch unbewusste Liebe in eine Identifikation geraten ist, zu unterscheiden. Dies gelingt einerseits durch verschiedene Methoden der Selbstwahrnehmung körperlicher und seelischer Art, wie zum Beispiel autogenes Training, Feldenkrais und ähnlichem und andererseits durch „aufmerksames Hinschauen" auf das Leben dessen, mit dem man identifiziert ist. Dieses Hinschauen kann zum Beispiel heißen, sich mit dessen Lebensgeschichte zu beschäftigen, Erkundigungen einzuholen über seine Kindheit, über seine Jugendzeit, über gesundheitliche, gesellschaftliche und wirtschaftliche Umstände und Schicksalsschläge seines Lebensweges. Aber nicht nur die äußeren Daten sind wichtig, sondern auch die Gefühle, die auf diesen Lebensstationen wohl lebendig gewesen sein dürften.

Das bewusste Mitgefühl mit diesem Menschen löst die Identifikation, schafft die Ich-Du-Unterscheidung, verhindert die unbewusste oder auch bewusste Versuchung, das ungelebte Leben des anderen nachholen zu wollen, seine ungelösten Lebenskonflikte stellvertretend für ihn lösen zu wollen.

Aber nicht die Unterscheidung von den Vorfahren allein führt zur Geburt des eigenen Ichs. Die zweite fundamentale Voraussetzung dafür ist, die Person, mit der man identifiziert ist, dazugehören zu lassen: zur Welt, zum Verwandtschaftssystem und innerlich zu sich selbst, d. h. sie in ihrem Dasein und Dazugehören zu achten. Dies geschieht, indem man ihr in sich selbst einen angemessen guten Raum gewährt, keinen Ort der Verachtung oder des Vergessens, aber auch keinen Ort der Herrschaft über meine Gefühle und meinen Willen.

Wer in einer Partnerschaft lebt, muss darauf achten, dass

der seelische Raum für Partner und evtl. vorhandene Kinder Vorrang hat gegenüber dem Raum, den man den Vorfahren zugesteht.

d) Vater und Mutter in gleicher Weise achten

Im hierarchischen Familiensystem der vergangenen Jahrhunderte unserer gesellschaftlichen Entwicklung war die Frau dem Mann untergeordnet, was dazu führte, dass Kinder in sehr extremer Form Mutter- bzw. Vaterkinder wurden. Dies hat folgende psychodynamische Ursachen:

Der Vater als gesellschaftlich und gesetzlich anerkanntes Familienoberhaupt konnte nicht nur den Gehorsam der Kinder, sondern auch der Ehefrau fordern. In der Rolle des „Befehlshabers" und als Autorität lernte er von klein an, alle Gefühle, die mit Trauer und Schwachheit zu tun hatten zu verdrängen, innerlich zu bekämpfen und abzuwerten. Als Autorität musste er immer Stärke, Sicherheit und Handlungskompetenz demonstrieren.

Dem gegenüber wurden der untergeordneten Ehefrau die von der Männerwelt verdrängten Gefühle zugestanden. Aber was man als Mann bei sich selbst unterdrückt und abwertet, wird sehr leicht auch bei der Frau verachtet. Überhaupt galt alles Emotionale und Gefühlsbetonte als „weibisch", als Zeichen von Unausgeglichenheit und Unvernünftigkeit. Diese gesellschaftliche und familiäre Abwertung der Frau im Zusammenhang mit ihrer Verpflichtung zum Gehorsam gegenüber dem Mann führte dazu, dass sie viele Wünsche, Meinungen und Gefühle nicht zum Ausdruck brachte, sondern nachgeben musste. Starkes Gehorsamsdenken bewirk ja, dass man die eigene Wahrnehmung, die eigenen Sinne, die eigenen Gefühlsimpulse und die eigenen Ideen und Gedanken ständig zurückstellt und damit abwertet.

Was aber verdrängt oder abgewertet wird, kann in der

Seele eines Kindes landen. Und dieses Kind entwickelt eine besondere innere Nähe und Solidarität mit der Mutter. Es spürt die verdrängte Traurigkeit und den seelischen Schmerz der Mutter und versucht, ihr möglichst beizustehen. Solche Hilfestellung eines Kindes mit der Mutter steht oft im Zusammenhang mit einer Abwertung des Vaters. Denn viele Frauen spürten die innere Hohlheit und emotionale Verkümmerung einer nur gesellschaftlich verankerten Autoritätsrolle und entwickelten deshalb nicht nur eine von Angst genährte Achtung gegenüber dem oft innerlich unerreichbaren Ehemann, sondern auch Verachtung ihm gegenüber.

Wo es Unterdrückung seelischen Lebens gibt, entsteht langfristig fast immer Verachtung dem Unterdrücker gegenüber. Ein Kind kann unbewusst diese Verachtung der Mutter gegenüber dem Vater übernehmen; es kann aber auch unabhängig davon zu einer bewussten eigenen Verachtung des Vaters kommen, weil das Kind erlebt, dass der Vater die vom Kind geliebte und in Mitleid unterstützte Mutter nicht ernst nimmt.

Diese Solidarität des Kindes mit einem Elternteil, verbunden mit der Verachtung des anderen Elternteils, ist aber für die seelische Entwicklung des Kindes sehr gefährlich. Denn es trägt nicht nur körperlich, sondern auch seelisch Vater und Mutter in sich, und die Verachtung eines Elternteils führt innerlich zu einer unbewussten partiellen Selbstabwertung und seelischen Lähmung oder Spaltung des Ichs.

Eine starke Helfer-Liebe zu einem Elternteil und Verachtung eines anderen Elternteils hat immer belastende Auswirkungen, wenn auch in sehr unterschiedlicher Form, z.B. in Bulimie und anderen Suchtkrankheiten, depressiver oder aggressiver Grundstimmung, Rückenschmerzen, extremer Eifersucht, Prüfungsängsten, Angst vor öffentlichem Auftreten, usw.

Bei Prüfungsängsten und Angst vor öffentlichem Auftreten steht die Konkurrenz-Situation im Vordergrund, in die z.B. ein Sohn gedrängt ist, dessen Mutter ihn mehr liebte als ihren Ehemann. Der Sohn spürt unbewusst, dass er der Erwartung der Mutter, den Partner zu ersetzten, der Bessere zu sein, nicht gerecht werden kann, er weiß sich überfordert. Er spürt unbewusst: Das ist nicht die rechte Ordnung! Aber trotzdem will er es gleichzeitig der Mutter unbedingt recht machen. Die unbewusste Liebe zum abgewerteten Vater kann in diesem Beispiel den Sohn dazu bringen, in Solidarität mit ihm selbst zu scheitern. Sein Unbewusstes verleitet ihn dazu, sich so zu verhalten, dass er nicht über seinem Vater steht.

Deswegen gehört es zur seelischen Gesundung und Befreiung von inneren Belastungen, dass sich ein Kind sowohl von einseitiger Solidarität mit einem Elternteil löst und andererseits das innere Sich-Erheben in Verachtung über das andere Elternteil beendet. Vater und Mutter sind in ihrer Rolle der Lebensweitergabe an das Kind grundsätzlich zu achten und zwar in gleicher Weise.

Die Beendigung der problematischen Rollen, in die man als Kind gegenüber den Eltern geraten ist, geschieht z.B. dadurch, dass man beiden Elternteilen im Herzen einen gleichwertigen Platz der Achtung zugesteht. Dabei ist der Unterschied zu beachten zwischen vordergründiger emotionaler Beziehung zu Vater und Mutter und Achtungsbeziehung. Die vordergründige emotionale Beziehung eines Kindes zu Vater und Mutter ist vor allem im hierarchischen Familiensystem gewöhnlich sehr unterschiedlich. Wenn man z.B. als Kind viel mit der Mutter zusammen war und Trost und Ermutigung bei ihr erlebt hat, ist die gefühlsmäßige Verbundenheit mit ihr oft ein Leben lang die stärkere. Das darf durchaus sein, aber es gibt noch eine andere Ebene der Beziehung des Kindes zu den Eltern, nämlich die Achtungsbeziehung. Auf dieser Ebene kann der erwachsene Mensch unabhängig von der vordergründigen emotionalen Beziehung die gleiche innere Achtung für Vater und Mutter aufbringen. (Siehe dazu den „Abschiedsbrief eines Alkoholkranken", Seite 125f.)

Die Unterscheidung von vordergründiger emotionaler Ebene und Achtungsebene und der innere Vollzug der gleichen Achtung gegenüber Vater und Mutter ist einer der wichtigsten seelischen Reifungsprozesse des erwachsenen Menschen und einer der wichtigsten Wege, sich von seelischen Belastungen zu befreien.

e) Verzicht auf Erlösung von Vater und Mutter

Kinder spüren, da sie Teil der Seele von Vater und Mutter sind, deren innere Belastungen und Nöte und vor allem, was in den Seelen dieser Menschen nicht geboren werden konnte. Kinder haben offensichtlich ein ungewöhnlich feines Gespür für seelische Schmerzen ihrer Eltern und eine enorme kreative Handlungsbereitschaft, sie zu erlösen.

Kinder wollen seelisch für die Eltern sorgen. Es gibt die moralische Verpflichtung für die erwachsenen Kinder, für ihre Eltern materiell und organisatorisch zu sorgen, wenn sie dazu selbst nicht in der Lage sind. Aber es ist unangemessen und schafft psychische Probleme, wenn sie seelisch für die Eltern sorgen wollen, wenn sie meinen, ihnen Lebensglück und Lebenssinn vermitteln zu müssen. Es ist ein Akt der Erkenntnis, aber auch der Demut, einzugestehen, dass man dazu nicht in der Lage ist, auch wenn nicht selten genau dies die Eltern von ihren (insbesondere erwachsenen) Kindern erwarten.

Wer meint, seine Eltern ständig unterhalten zu müssen, um ihre Langeweile zu vertreiben, der verwöhnt sie in einer kreativitätszerstörenden und entmündigenden Weise. Er lässt sie geistig-seelisch zurückfallen auf eine Kleinkindstufe. Das ist zwar für diese sehr bequem, aber da sie dadurch nicht wirklich glücklich werden, werden sie immer anspruchsvoller und in ihrer Erwartungshaltung grenzenlos wie verwöhnte Kinder. Auch hier ist der gesunde Weg, nur Hilfe zur Selbsthilfe zu leisten.

Falsch verstandene Dankbarkeit der Kinder kann zur Verkümmerung der eigentlich noch möglichen Selbstständigkeit und Eigeninitiative der alt gewordenen Eltern führen. Auch der alte Mensch braucht das Gefordertwerden, braucht einen ihm angemessenen Verantwortungsbereich und muss seine seelischen Hausaufgaben selbst erledigen. Wer seine Eltern erlösen will, gerät sehr leicht in eine problematische Doppelrolle: Einerseits spielt er eine Übervater- oder Übermutter-Rolle für seine Eltern und macht sie zu Kindern, andererseits gerät er in den Augen seiner Eltern immer wieder auf die Altersstufe eines achtjährigen Kindes, von dem sie meinen, es durch die Forderung von Dankbarkeitserweisen kontrollieren und zum Gehorsam zwingen zu können.

Da in dieser Eltern-Kind-Beziehung sehr viel Liebe, Dankbarkeit und moralisches Pflichtbewusstsein enthalten sind, ist es oft sehr schwierig, sich aus einer Erlöserrolle für die Eltern zu befreien. Aber der erwachsene Mensch kann sich nur dann seelisch positiv entwickeln, wenn er bereit ist, das, was er von den Eltern bekommen hat, ein Stück weiter zu geben an andere, an die Kinder, den Ehepartner oder im sozialen oder kulturellen Engagement für die Gemeinschaft, aber dabei nicht ins andere Extrem verfällt und seine Eltern völlig vernachlässigt.

f) Verzicht auf Lösung der Partnerprobleme der Eltern

Ob die Eltern sich scheiden lassen oder eine destruktive Ehe aufrecht erhalten, haben die Kinder, auch wenn sie erwachsen sind, nicht zu beurteilen und zu beeinflussen.

Es schädigt die seelische Entwicklung der Eltern wie auch der Kinder, wenn die Mitglieder der jüngeren Generation sich in das Eheleben der Eltern einmischen. Kinder haben die ehelichen Entscheidungen der Eltern zu respektieren und ihr Leben von beiden Elternteilen in gleicher grundsätzlicher Ehrerbietung anzunehmen.

Auch im ertragenen Leid einer problematischen Ehe kann viel Liebe und Verbundenheit enthalten sein. Es ist für die Kinder nicht möglich, die vielfältigen seelischen Vernetzungen ihrer Eltern zu durchschauen. Jede Einmischung ist eine Parteiergreifung für eine Seite mit einem entmündigenden Aspekt und eine bewusste oder unbewusste Abwertung des anderen Elternteils. Und dies schädigt die seelische Entwicklung des Kindes; denn dessen Beziehung zu beiden Eltern hat eine grundlegend andere Struktur und Bedeutung als die Beziehung der Eltern untereinander. Das Kind ist mit beiden blutsverwandt und gegenüber beiden in der Rolle des einseitig Empfangenden, die Eltern sind nicht blutsverwandt und der seelische Energiefluss ist ein wechselseitiges und gleichberechtigtes Geben und Nehmen.

Ein Beispiel:

Die zwölfjährige Tochter einer allein erziehenden Mutter klagte mir gegenüber in der Schule, dass die Mutter ihr vorgeworfen habe: „Jetzt wirst du schon wie dein Vater." Und sie verstand dies als schlimmen Vorwurf, denn die Mutter verachtete ihren früheren Partner. Ich sagte ihr: „Sag deiner Mutter: ich habe ja das Recht so zu werden wie er, denn ich bin ja seine Tochter, ich bin ja mit ihm blutsverwandt, du aber nicht."

Wenn es der Tochter gelingt, sich offen zu ihrem Vater zu bekennen, hat sie die Chance, von seinem problematischen Verhalten zu lernen und ist nicht so leicht in Gefahr, seine Fehler zu wiederholen. Zudem geht sie dadurch bewusst in die Kinderrolle, in der sie von jedem Elternteil nehmen darf und keine Verantwortung zu tragen hat für die Beziehung der Eltern untereinander.

g) Von den Eltern nicht mehr erwarten, als sie geben konnten

Viele erwachsene Menschen, die in ihrer Kindheit wenig Zuneigung und Wertschätzung durch ihre Eltern erlebt haben, tragen in sich eine Vorwurfshaltung oder Verachtung oder auch Schuldgefühle und Trauer und vor allem unsichtbar ausgestreckte Sehnsuchtshände. In solchen Fällen ist es wichtig, auf Kindheits- und Erwachsenenschicksal der Eltern aufmerksam hinzuhorchen, um zu entdecken, wo und wie sie überlastet, überfordert und verstrickt waren, was ihnen gefehlt hat und wo sie verletzt wurden.

Wenn z. B. ein Vater für seine Kinder kein Einfühlungsvermögen und keine Zeit hatte, kann man fast immer aufzeigen, dass er selbst als Kind kaum väterliche Zuwendung erfahren hat. In solchen Fällen ist es wichtig, das Leben selbst vom Vater bewusst anzunehmen und auch alles, was er einem an Materiellem zukommen ließ.

Auch im noch schlimmeren Fall, wenn bei getrennten Eltern der Vater weder Zeit noch Unterhaltsverpflichtungen aufbringt, muss man dem Kind helfen, seine Trauer und seinen Zorn darüber zu äußeren und doch das eigene Leben auch von diesem Menschen bewusst anzunehmen und hinzuschauen auf die Verstrickungen in dessen Lebensgeschichte.

Entscheidend ist, die Eltern in ihrer schicksalhaften oder auch natürlichen Begrenztheit zu erkennen und sie aus einer quasi göttlichen Rolle, in der man sie im frühen Kindesalter gesehen hat, zu entlassen. Je realistischer man das Leben der Eltern betrachten lernt, umso leichter kann man sich von unrealistischen Erwartungshaltungen und von unbewussten Sehnsuchtsbeziehungen lösen.

Der erlösende Satz des leidenden Klienten gegenüber dem Elternteil, der einen im Stich gelassen hat, könnte lauten: „Ich sehe, dass du selbst nicht hattest, was ich von dir haben wollte und so sehr als Kind vermisste. Jetzt bin ich dabei, es in mir selbst zu entdecken und nicht mehr deinen unglücklichen Weg nachzuahmen, von außen und von anderen Menschen zu erwarten, was dir bzw. mir in der Kindheit gefehlt hat. Für die Schmerzen in meiner Kindheit habe ich begonnen, die bisher verdrängte Trauer zuzulassen." Dann wird er die offenen, ausgestreckten Sehnsuchtshände an seine Brust und auf seinen Bauch legen und seine Aufmerksamkeit nach innen wenden. So lernt er, sich zu schützen, unrealistische Erwartungshaltungen gegenüber Mitmenschen aufzugeben und in guter Weise in sich selbst zu wohnen, auch wenn er in diesem seinem Körper-Seelen-Haus zuerst einmal Einsamkeit und Schmerzen erleben wird.

Es ist wohl mehr eine spirituelle als eine psychologische Erkenntnis, dass wir das, was uns in der Kindheit gefehlt hat, später als erwachsene Menschen in uns selbst entdecken können. Wenn wir in der Kindheit nicht wahrgenommen worden sind, können wir trotzdem noch lernen, uns selbst wahrzunehmen. Das kann auch über die seelischen Schmerzen, die von den Erfahrungen der Kindertage verursacht sind, geschehen. Nicht durch die künstliche Beseitigung der Schmerzgefühle wie Trauer, Zorn oder unerfüllte Sehnsucht geht der Weg der seelischen Heilung. Sondern durch diese schmerzhaften Gefühle hindurch: Sie sind der Weg, sich endlich selbst wahrzunehmen und sich selbst anzunehmen mit der eigenen Geschichte. Wenn diese Gefühle und ihre „Geschichte" dazugehören dürfen und angenommen sind, werden sie ihre unangenehme Kraft verlieren, denn sie haben ihren „Auftrag" erfüllt, dem Ich nachträglich zu helfen, im Haus des Körpers zu wohnen.

h) Verstorbene in rechter Weise verabschieden

Es ist nicht selbstverständlich, dass Verstorbene in rechter Weise verabschiedet werden. Es geht dabei nicht nur um ein Abschiednehmen am Sterbebett oder am Sarg, sondern auch um die recht gelebte Trauer, die nach einiger Zeit zu einem seelischen Nährboden neuer lebensbejahender Kräfte und einer neuen verwandelten Beziehung zum Verstorbenen führt. Das Ziel recht gelebter Trauer beinhaltet auch eine Einwilligung in den Tod des Verstorbenen. Diese Einwilligung meint eine innere Achtung vor dem Leben und Sterben des Menschen, von dem man Abschied nehmen musste. Diese Einwilligung ist aber in manchen Todesfällen schwer möglich.

Wenn Kinder Vater oder Mutter verlieren, erleben sie noch viele Jahre die Abwesenheit des Verstorbenen als sehr schmerzlich für die eigene Entwicklung als Kind oder Jugendlicher. Deshalb können sie einen Prozess der Trauer, der zu dieser Einwilligung führen soll, der zu einer größeren seelischen Selbstständigkeit verwandeln will, nicht durchstehen.

Ähnlich schwer ist es für Eltern und besonders für Mütter, ein Kind zu verabschieden, das gestorben ist. Einerseits rührt der Tod eines Kindes häufig an eine nicht geheilte seelische Wunde bei den Eltern, die, neu aufgebrochen, nicht mehr heilen will. Manche Therapeuten vermuten sogar, dass ein Kind durch seinen Tod unbewusst die Eltern deshalb an einen alten Schmerz heran führt, damit sie endlich die alte Geschichte bearbeiten und so zu einem neuen Selbstbewusstsein, zu einer neuen Fähigkeit finden, das Leben umfassend zu bejahen und Verdrängungen, die ja einen Ausschnitt aus der Lebensvergangenheit wegzuschneiden versuchen und nicht wahrhaben wollen, aufzulösen. Wird aber der alte Schmerz, den der Tod eines Kindes aufbricht, nicht bearbeitet, blockiert er die aktuelle Trauer, so dass sie nicht zum Loslassen und zur Einwilligung führen kann, sondern zur Erstarrung. D. h. sie raubt auf Dauer ein Stück Urvertrauen und blockiert langfristig die lebensbejahenden Kräfte. Solche Trauer bewahrt eine Solidarität mit dem Verstorbenen als Sterbendem und entwickelt deshalb selbst eine Tendenz zum eigenen Sterben, also ein sich Wegwenden vom Leben.

Beim Tod eines Kindes wirken aber noch andere, die Trauer lähmende Kräfte. Ein Kind ist so sehr ein Symbol für

Entfaltung des Lebens, für Zukunft und Hoffnung, es birgt noch so viel Verheißung, dass sein Tod der Widerspruch zum Leben schlechthin ist. Und weil das Kind noch so sehr des Schutzes und der Sorge der Eltern bedarf, weckt sein Tod fast immer schlimme Schuldgefühle bei diesen; je kleiner ein Kind ist, umso stärker können Schuldgefühle bei der Mutter wirken. Auch wenn diese Schuldgefühle objektiv betrachtet völlig sinnlos sein mögen, ändert dies nichts an der Tatsache, dass schlimme Schuldgefühle immer den Prozess der Trauer blockieren und ein loslassendes Abschiednehmen vom Kind nicht möglich wird.

Auch wenn andere Personen den Tod des Kindes verursacht haben und damit ein Schuldiger gefunden werden kann, führt die Schuldzuweisung und die damit verbundene innere Vorwurfshaltung zur Blockade des Trauerprozesses.

Eltern, die man in der Kindheit verliert und verstorbene Kinder werden also meist nicht wirklich losgelassen und verabschiedet. Aber auch für Geschwister von verstorbenen Kindern kann die Trauer blockiert sein und damit eine Tendenz hin zum Tod auf dem weiteren Lebensweg entstehen. Dies gilt vor allem in folgenden Fällen:

– wenn die älteste Tochter eine Mutterersatzrolle für die jüngeren Geschwister übernommen hat und von denen eines stirbt;
– wenn ein älterer Bruder oder eine ältere Schwester stirbt, die eine besondere Vorbildfunktion, d.h. eine Art Elternersatz in einer Großfamilie hatte, in der die Eltern für die einzelnen Kinder oft wenig erreichbar sind;
– wenn das Kind, das unmittelbar hinter einem oder unmittelbar vor einem geboren war, stirbt und es noch keine weiteren jüngeren Kinder gibt; denn dann ist man als jüngstes verbleibendes Kind den verdrängten Schuldgefühlen und der Trauer der Mutter am nächsten und übernimmt deren Gefühle;
– wenn man das letzte Kind in einer größeren Geschwisterzahl ist, übernimmt man meist die Trauer der Mutter auch

über ein Kind, das schon früher verstorben ist, auch wenn zwischen dem verstorbenen und dem letzten Kind einige am Leben geblieben sind;

– besonders belastend ist es für Zwillingskinder, wenn eines von beiden stirbt; denn die neun Monate gemeinsamen Aufenthaltes im Mutterleib schaffen nicht nur körperlich, sondern auch seelisch eine so große Verbundenheit, dass das lebende Kind den Tod des anderen wohl in einer sehr intensiven Weise miterlebt und seine anschließende Abwesenheit als sehr schmerzhaften Verlust empfindet.

Auch wenn erwachsene Personen von einem Verstorbenen Abschied nehmen, der erwachsen war, sind viele schicksalhafte Umstände möglich, die dazu führen können, dass das rechte Trauern und Loslassen nicht geschieht.

Stirbt in einer Familie ein Elternteil, ist der Verlust nicht nur für die Kinder jahrelang sehr schmerzhaft und belastend, auch der andere Elternteil hat nicht nur seinen Lebenspartner verloren, sondern ist zusätzlich in seiner Verantwortung und Sorge um die Kinder allein gelassen.

Oder wenn der Tod eines Ehemanns für die Familie einen drastischen sozialen Abstieg verursacht und die Mutter die Familie nur noch mühsam materiell über Wasser halten kann, wenn sie und die Kinder auf viele Annehmlichkeiten, die früher selbstverständlich waren, verzichten müssen, wird das Loslassen zusätzlich erschwert.

In ähnlicher Weise wird das rechte seelische Einwilligen in den Tod eines Angehörigen für den ein Problem, der durch diesen Tod große materielle Vorteile erlangt. So zum Beispiel, wenn der Tod des älteren Bruders dem jüngeren den Weg öffnete, Haupterbe zu werden. Die Genugtuung über den Vorteil können den Schmerz der Trauer blockieren und Schuldgefühle verursachen. Diese Mischung der Gefühle verhindert unter Umständen eine positive Weiterentwicklung der Beziehung zwischen Lebenden und Verstorbenen.

Besonders extreme Spannungen zwischen Trauer, Schuldgefühlen und Zorn verursacht gewöhnlich der Selbstmord eines Familienmitgliedes. Deshalb werden Menschen, die durch Suizid aus dem Leben geschieden sind, meist nicht in rechter Weise verabschiedet. Es gelingt den Angehörigen oft ohne therapeutische Hilfe nicht, seinen Tod zu achten und ihn loszulassen.

Auch äußere Einflüsse können den Weg der Trauer blockieren. Wenn z. B. inmitten der dramatischen Umstände bei Vertreibungen nach dem Zweiten Weltkrieg Angehörige verstorben sind, forderte gleichzeitig der eigene Überlebenskampf so sehr alle Kräfte, dass zum Trauern keine Zeit und kein seelischer Spielraum mehr vorhanden war. Immer wenn die Umstände es nicht erlauben, schwach sein zu können, so wie es die Trauer einem abverlangt, geschieht keine angemessene Verabschiedung von Verstorbenen.

Es kann auch die eigene Entscheidung sein, wie viel Raum man der Trauer gibt, wie bei jenem Mann, der seine Mutter verlor, als er gerade beruflich besondere Aufstiegschancen sah, die seinen ganzen Einsatz erforderten. Er organisierte in korrekter Weise die Beerdigung, aber den inneren Weg der Trauer weigerte er sich zu gehen, da er die Gefühle der Ohnmacht, der seelischen Lähmung und Hilflosigkeit, die einem die Trauer für einige Zeit zumutet, nicht ertragen wollte. Nach einigen Wochen konnte er nicht mehr schlafen. Offensichtlich forderte sein Unbewusstes, die Trauer nachzuholen, die er sich hatte ersparen wollen.

Immer, wenn Trauer nicht zum Ziel führt, wenn die spätere Einwilligung in den Tod des Verstorbenen nicht erreicht wird, wirken die Toten an dem Ort, den sie in unserer Seele einnehmen, wie verwesende Leichen. Sie rauben uns eine lebendige Beziehung zum Leben, beeinträchtigen unsere seelische Wahrnehmung und behindern eine umfassende Lebensbejahung.

Deshalb gehört es zu den wichtigsten seelischen Geburtsschritten, für die man selbst verantwortlich ist, Verstorbene in rechter Weise zu verabschieden, die Trauer in rechter

Weise zu leben, um eines Tages in deren Tod einwilligen zu können. Wo dies noch nicht geschehen ist, ist es für die seelische Gesundheit notwendig, es nachzuholen. Dies ist nicht für jeden einsichtig, da verdrängte Trauer in tiefe Schichten des Unbewussten abgeschoben sein kann und unserem bewussten Gefühl nicht mehr zugänglich erscheint. Dies besonders dann, wenn der Sterbefall geschah, als wir noch Säuglinge oder Kleinkinder waren, also in einem Alter, in dem uns die objektive Bedeutung des Geschehens noch nicht verständlich war. Aber auch dann ist das bewusste Nachholen der Trauer notwendig.

Verabschiedung eines verstorbenen Kindes

Wir sehen dich, du bist noch klein und hilflos, aber du bist ein vollständiger, eigener Mensch.

(Bei Totgeburt: du bist schon neun Monate in dieser Welt, auch wenn du für uns noch unsichtbar im Mutterleib gelebt hast. Aber du hast schon durch die Gefühle und Erlebnisse der Mutter die Welt mitbekommen, die Welt in dich aufgenommen; du gehörst schon ganz dazu. Du bist schon ein Teil der Menschheit geworden, ein Teil im Strom der Menschheitsgeschichte.)

Du sollst einen guten Platz in unseren Herzen und in unseren Gedanken haben.

Wir wollen dir ein Jahr lang das Schöne und Wertvolle in dieser Welt und in unserem Leben zeigen. Du sollst wissen, dass du zu unserem Leben bleibend dazu gehörst. Wir sehen, dass dein Leben schon etwas Vollständiges, etwas Ganzes ist. Deine Seele ist etwas ganz Eigenes und Eigenständiges. Wir achten dein Dasein.

Du hast einige Monate viel Raum in den Gedanken und Gefühlen deiner Eltern beansprucht.

Du hast viele Hoffnungen und Erwartungen geweckt. Du hast Freude, aber auch sorgende Planungen ausgelöst.

Und dann hast du ganz schnell Abschied genommen und hast den Raum, den wir für dich geschaffen und freigehalten haben, wieder uns zur Verfügung gestellt, als Gabe und Aufgabe, als Möglichkeit und Herausforderung wieder an uns zurückgegeben.

Dein Tod reißt eine tiefe Wunde in unsere Seele, konfrontiert uns mit verdrängten Schmerzen aus unserer Kindheit und Vergangenheit. Vielleicht willst du uns sagen:

„Schaut hin in das Innere eurer eigenen Seele. Da ist noch wenig Platz für eure eigenen Schmerzen und für eure eigene Trauer, die mit eurer Geschichte schon vor meinem Dasein zu tun hat. Geht gut mit eurem eigenen einstigen Kindsein, mit eurem eignen inneren Kindsein um. Wendet eure Liebe und Zuwendung, eure Zärtlichkeit und elterliche Sorge eurem eigenen inneren Schmerz, eurer eigenen noch ungelebten Trauer zu.“

Wir achten dein Dasein. Es fällt uns schwer, auch dein Sterben zu achten, das zu deinem kurzen Leben schon dazugehört. Wir möchten ein wenig verstehen können, was dein zu schnelles Abschiednehmen bedeutet, damit es uns gelingt, es auch zu achten.

Wir glauben, dass du in der Ewigkeit Gottes und in der Seele der Mutter Natur einen guten Platz hast. Und dass du von dorther an unserem Leben Anteil nehmen kannst, dass du unseren Kämpfen und Erfolgen, unseren Freuden und Schmerzen nahe bist.

Wir geben dir einen guten Platz in unserem Leben, auch in unserer Wohnung. Du gehörst für immer zu unserer Familie dazu.

Durch die Erfahrung des Todes bist du uns vorangegangen und seelisch schon größer geworden als wir. Wir sehen und achten deine Größe.

Wir bitten um die Kraft und die Demut, dich gehen lassen zu können, dich loslassen zu können, auch dein Sterben achten zu können, du warst nie unser Besitz und du gönnst uns von Herzen unser Leben und wirst dich freuen, dort wo du jetzt bist, wenn wir die Kraft finden, unser Leben zu bejahen und die Tage unseres Daseins liebevoll und verantwortungsvoll zu gestalten.

Wir verneigen uns vor dir, bitte segne uns.

2. Entlastung der Seele des Kindes durch die Eltern

Die seelische Entwicklung eines Kindes ist immer ein dialektisches Wechselspiel zwischen den eigenen Bedürfnissen und den Bedürfnissen der Umwelt, besonders denen der Eltern. Die Seele des Kindes ist der schwächste Teil der Seele der Eltern. Zudem sind manche Kinder durch ihre unbewusste Liebe zu den Eltern bereit, sich selbst zu Gunsten einer problematischen Erlöserrolle aufzugeben. Deshalb haben die Eltern eine große Verantwortung, dem Kind in seiner Ich-Entwicklung zu helfen, es aus seiner Erlöserrolle für die Eltern zu entlassen und so überfordernde seelische Belastungen des Kindes abzubauen. Dadurch wird der Ich-Raum des Kindes geweitet und gesichert. Im Folgenden sind einige wichtige Punkte aufgeführt, wie die Eltern ihre Verantwortung dafür konkret wahrnehmen können.

a) Dazugehörigkeit und Originalität

Eltern betonen ihrem Kind gegenüber immer wieder sein Dazugehören-Dürfen zu ihnen. Dies ist besonders wichtig nach ärgerlichen und spannungsgeladenen Konflikten oder nach einer Bestrafung. Ähnlich wichtig ist, immer wieder einmal zu betonen, dass das Kind das Recht hat, ein eigener Mensch zu werden, ein eigenes Ich zu entwickeln, sich auch unterscheiden zu dürfen von den Meinungen und Interessen der Eltern. Es ist erlaubt, anders zu werden als die Eltern; ebenso ist es erlaubt, den Eltern ähnlich zu werden, auch wenn Eltern erschrecken, dass Kinder ihre unangenehmsten charakterlichen Schwachheiten übernehmen. In diesem Fall ist es manchmal entlastend, wenn Eltern sich mit Humor bedanken, welch große Solidarität ihre Kinder ihnen zeigen, da sie ihre Eltern mit deren charakterlichen Problemen offensichtlich nicht allein lassen wollen. Sie können aber hinzufügen, dass sie als Eltern nichts dagegen einzuwenden haben, wenn die Kinder bereit sind, von den Fehlern der Eltern zu lernen.

Es ist ein wichtiger seelischer Vorgang bei den Eltern, ihr noch kleines Kind zu betrachten und sich in ihm wieder zu finden, ihr eigenes Fleisch und Blut ein Stück widergespiegelt zu erleben. Dann aber geht es darum zu entdecken, dass dieses kleine Wesen ein absolut neues menschliches Leben verkörpert, dass es in seiner Originalität sich von den Eltern auch unterscheiden darf. So können die Eltern innerlich schon beginnen, dieses Kind mit seiner eigenen Würde frei zu lassen für seine eigene Geschichte.

Auch für die Eltern sind beide Erfahrungen mit dem Kind für eine gesunde Beziehung zu ihm wichtig: die Zusammengehörigkeit und der Unterschied.

Zur Zusammengehörigkeit ist eine wichtige Polarität zu bedenken: Das Kind drückt nicht nur das aus, worin man sich leicht und gerne wiederfindet, sondern unter Umständen auch jene Wesensanteile, die man als Erwachsener bei sich verdrängt oder sogar verachtet. Das Kind umfassend wahrzunehmen und anzunehmen hilft dann, sich selbst umfassender wahrzunehmen und umfassender zu bejahen.

Durch das Kind wird dort, wo diese Herausforderung von den Eltern angenommen wird, den Erwachsenen geholfen, in der eigenen Ich-Entwicklung voran zu kommen. Aber das Kind drückt ja beide Elternteile aus; so haben Vater *und* Mutter durch das Kind die Möglichkeit, unter Umständen nicht nur das Angenehme und das besonders Liebenswerte des Partners wahrzunehmen, also im Kind den Partner noch ein Stück zusätzlich zu lieben; jeder von beiden wird manchmal durch das Kind auch mit den belastenden und unangenehmen Seiten des Partners konfrontiert und damit herausgefordert, den Partner auch im Kind umfassender wahrzunehmen und zu bejahen.

b) Eltern sprechen in der Ich-Form

Kinder erleben noch sehr wenig ihre eigene Ich-Originalität gegenüber den Eltern. Umso hilfreicher ist es für sie, wenn die Eltern Vorbild sind im Ausdruck ihrer eigenen Originalität und durch Ich-Aussagen dem Kind Raum geben, in einer subjektiv formulierten Welt seine eigene Subjektivität zu entwickeln. Äußere Tatsachen und Zusammenhänge werden in ihrer Objektivität beschrieben und erklärt; die Bewertung dieser Tatsachen aber geschieht durch Ich-Aussagen, die deutlich machen, dass man dies persönlich so sieht und andere dies vielleicht anders sehen. Wenn in klarer Weise die objektive Welt der Tatsachen von der subjektiven Welt der Meinungen, Wünsche, Deutungen und Wertentscheidungen unterschieden wird, wagen die Kinder leichter, eigene Eindrücke, Ansichten und Wünsche zu äußern und zu ihren subjektiven Gefühlen zu stehen. Sie werden aber auch leichter die Vielfalt menschlicher Einstellungen achten und miteinander vergleichen können.

c) Im Verwandtschaftssystem darf jeder dazugehören

Ein wertvolles Geschenk, das Eltern Kindern machen können, ist ein gut strukturierter Stammbaum, der nicht nur Eltern, Großeltern und Urgroßeltern enthält, sondern wenigstens in den ersten beiden Generationen auch alle Geschwister. Vor allem auch Stiefgeschwister und früh verstorbene Kinder dürfen darin nicht vergessen werden. Aber nicht nur die äußeren Daten dieser Personen sind wichtig, sondern die innere Einstellung, die die Eltern zu ihnen haben. Kinder spüren, ob in den Seelen der Eltern, d. h. in ihrer bewussten oder auch unbewussten Einstellung alle Personen, die zu diesem Verwandtschaftssystem gehören, dazugehören dürfen. Ist jemand ausgegrenzt, vergessen oder verachtet, gilt einer als „schwieriger" oder „böser" Mensch, so kann er sich seelisch besetzend und lähmend auf Kinder oder Enkelkinder, auf Nichten oder Neffen auswirken.

d) Eltern können Grenzen setzen

Die seelische Geburt des Menschen hat damit zu tun, dass er eine seelische Haut entwickelt und diese auch zeigen kann, dass er also sein eigenes Ich sichtbar und hörbar werden lässt, das sich zum Beispiel äußert in der Originalität seiner Gedanken und Gefühle, seiner persönlichen Meinung, in seinen Wünschen und Interessen, in seinen Abneigungen und Abgrenzungen.

Je klarer Eltern Grenzen setzen können und sich so bewusst unterscheiden von ihren Mitmenschen, umso mehr sind sie Vorbild und Ermutigung für ihre Kinder, sich selbst von ihren Mitmenschen und auch von ihren Eltern zu unterscheiden.

So belastend die Unterschiede unter den Menschen oft sind, so wesentlich sind sie für die Entwicklung und Geburt des Ichs im Menschen. Unterschiede und Grenzen werden sichtbar, wenn die Personen, die zu einer Gemeinschaft gehören, deutlich ausdrücken, was sie selbst empfinden, was sie denken, was sie glauben oder was sie wollen und wenn sie zudem klar sagen, was sie nicht so empfinden, nicht so denken, glauben oder wollen, wie die anderen. In der verbalen Negation liegt eine entscheidende Weise, Originalität und Unterschiedlichkeit sichtbar zu machen. So wird die seelische Haut der Eltern zur Ermutigung für die Kinder, eine eigene seelische Haut zu entwickeln; paradoxer Weise für die Kinder besonders dort erlebbar, wo Eltern zu manchen Wünschen der Kinder Nein sagen. Aber dieses Nein muss, wenn es langfristig positive Auswirkungen haben soll, von einem grundsätzlichen Ja der Zuneigung und der Achtung zum Kind getragen sein.

Für die Kinder ist es zudem wichtig, erleben zu können, dass ihre Eltern sich von ihren eigenen Eltern bzw. Schwiegereltern abgenabelt haben, sich von ihnen klar unterscheiden können und damit zeigen, dass sie seelisch geboren sind. Das Nein-Sagen können der Eltern gegenüber den Großeltern ist für die seelische Entwicklung der Kinder von grundlegender Bedeutung. Aber auch hier gilt: Dieses Nein darf nicht aus einer Haltung der Verachtung oder Arroganz kommen, sonst wirkt es destruktiv. Nein-Sagen-Können und den anderen in seinem Menschsein respektieren, gehört zu den wichtigsten Gesetzen seelischer Gesundheit und eines gesunden Selbstbewusstseins.

Besonders schwierig ist das Zusammenleben zwischen den Generationen im gleichen Haus, wenn das Nein-Sagen-Können und andere klare Abgrenzungen fehlen. Vor allem Mütter sehen nämlich ihre erwachsenen Kinder immer wieder in einem Altersmuster von sieben bis zehnjährigen Kindern und verhalten sich entsprechend.

Bleibt ein erwachsenes Kind mit seinem Ehepartner im Haus der Eltern, gerät es sehr oft in einen seelischen Konflikt. Es fühlt sich seinen Eltern gegenüber zu Dank verpflichtet: Was hat man doch alles von den Eltern von klein an bekommen. Oft haben die Eltern sich beim Ausbau der Wohnung finanziell und handwerklich engagiert und erwarten nicht selten dafür auch Dank in der Form, dass sie überall mitreden dürfen und am Leben der jungen Familie reichen Anteil erhalten. Manche Eltern versuchen dann auch bei der Auswahl der Badfliesen und der Vorhänge „mit Rat und Tat zur Seite zu stehen" und wenn ihr Rat nicht angenommen wird, sind sie über ihre eigenwilligen und undankbaren Kinder bzw. Schwiegerkinder tief beleidigt und enttäuscht.

Was vielen Eltern und jungen Ehepartnern nicht bewusst ist, ist die Tatsache, dass der Aufbau einer jungen Partnerschaft von den Eltern wie ein „seelischer Verrat" empfunden wird. Denn jede Familie entwickelt ein eigenes Wertesystem, das sich auch in ihren alltäglichen Verhaltensweisen ausdrückt. Wie mit Ärger und Wut, mit Traurigkeit und Entscheidungsfindung umgegangen wird, wie man bei einer Abreise sich voneinander verabschiedet bzw. sich bei der Rückkehr begrüßt, wie man Feste feiert und die Lastenverteilung im Haushalt organisiert, was als unschicklich oder peinlich gilt oder als heilig bzw. tabuisiert usw., für all das gibt es in jeder Familie eigene Rituale und innere Einstellungen.

Wenn nun aus zwei Familien und damit aus zwei Wertesystemen sich Mann und Frau zu einem Paar zusammen finden, bringen sie auch das jeweilige Wertesystem ihrer Herkunftsfamilie mit, das aber zu einem großen Teil unbewusst ist. In der Energie der Verliebtheit und frühen Partnerschaft haben sie die Aufgabe, ein gemeinsames neues Wertesystem zu entwickeln, das gewöhnlich Anteile von beiden Herkunftssystemen, aber auch völlig neue Elemente enthält. Bei den letzteren ist es wichtig, dass sie durch einen schöpferischen Prozess gemeinsamen Suchens und Ausprobierens entstehen und in gewisser Weise „gemeinsame geistige Kinder" des jungen Paares sind.

Da sich die neuen Werte und Verhaltensweisen zum Teil von denen der Herkunftsfamilien unterscheiden, empfinden die Eltern dieses Verlassen der bisherigen Wertebasis durch ihre Kinder als Verrat, denn bei einem gemeinsamen familiären Wertesystem geht es nicht nur um äußere Verhaltensweisen, sondern um das „Glaubenssystem" dieser Familie. Es geht um das, was den Eltern Lebenssinn und seelischen Halt gibt, was ihnen Selbstbewusstsein und Selbstwertgefühl gegeben hat, was sie als das innerlich Verbindende ihrer Gemeinschaft empfunden haben. So erleben sie das Verlassen der gemeinsamen Wertebasis durch die Kinder als ein inneres Verlassen-werden und als eine Infragestellung und Verunsicherung dessen, was ihnen bisher „heilig" war. Sie können oft nicht ohne weiteres die neuen Verhaltensweisen und Lebenseinstellungen ihrer erwachsenen Kinder mit vollziehen und respektieren.

Dieser „Verrat" der jungen Partner an den Eltern ist für die seelische Geburt des Paares notwendig, und diese geschieht leichter, wenn die Eltern die Schmerzen der Geburtswehen, die bei diesem inneren Verlassen-werden auftreten, zu akzeptieren und auszuhalten bereit sind.

Ein junges Paar findet nicht in rechter Weise zueinander, wenn nicht jeder von ihnen gelernt hat, zu den eigenen Eltern auch nein zu sagen und die Andersartigkeit des eigenen Denkens und Wollens zum Ausdruck zu bringen. Wer sich im Konfliktfall mehr auf die Seite der Eltern schlägt, als auf die Seite des Partners, der geht notwendigen Auseinandersetzungen aus dem Weg und verhindert die Entstehung eines gemeinsamen Wertesystems in der jungen Partnerschaft. Dies geschah früher oft zwangsläufig in Kriegszeiten, wenn kurz nach der Hochzeit der Ehemann in den Krieg ziehen musste und die Ehefrau auf die Solidarität der Eltern angewiesen war. Zu ähnlichen Problemen führt eine vielleicht aus beruflichen Gründen gelebte „Wochenend-Ehe".

Wenn Kinder erleben, dass Vater oder Mutter zu ihren eigenen Eltern nicht Nein sagen können, wo sie eigentlich Nein sagen möchten, haben sie den Eindruck, ihre Eltern seien noch nicht richtig erwachsen, ihre Seele sei noch nicht wirklich geboren. Solche Kinder sind in Gefahr, entweder die Eltern oder die Großeltern zu verachten, oder sie versuchen verzweifelt, dem seelisch nicht geborenen Elternteil beizustehen, indem sie Probleme machen, um die Aufmerksamkeit auf sich zu lenken, die bei ihren Eltern bisher zu sehr nach rückwärts, zu den Großeltern gerichtet war.

Ein Beispiel: Ein neunjähriger Junge hatte in der Schule große Schwierigkeiten. Niemand merkte, dass er vom Mitleid mit seiner Mutter seelisch blockiert war. Die Familie lebte im Haus der Eltern des Ehemannes und die junge Frau wurde von ihren Schwiegereltern und den in der Nähe wohnenden Geschwistern ihres Mannes bevormundet. Ihr Mann hatte nicht die Kraft, sie zu schützen. Dem Sohn gelang es, seiner Mutter dadurch beizustehen, dass er als schulisches Problemkind seine Mutter dazu brachte, sich Hilfe zu holen. Die Mutter ging zur Beratungsstelle und erzählte, dass ihr Sohn nicht nur mit den Noten stark abgesackt sei, sondern dass er neuerdings in ungewohnter Weise frech werde. Dies hatte die Frau, die selbst ihre Wut nie zeigen konnte, zutiefst verunsichert. Die Frechheit zeigte der Sohn gerade dort, wo es für sie am peinlichsten war, nämlich gegenüber dem gefürchteten Schwiegervater, dem Opa des Kindes.

Der Großvater war nämlich wieder einmal in die Wohnung des jungen Paares gekommen und hatte dort die Schwiegertochter getadelt, dass sie sich offensichtlich zu wenig um die schulischen Leistungen ihres Sohnes kümmere und zu wenig mit ihm lerne. Daraufhin habe ihn der Neunjährige angeschrien, dass er nach oben gehen solle in seine Wohnung, weil er hier nichts zu suchen habe. Für diese Frechheit wurde der Sohn von seiner Mutter natürlich bestraft, weil man sich so dem Opa gegenüber nicht verhält.

In der Beratung sagte man der Frau, sie solle ihren Sohn loben, weil er sich so sehr bemüht, der Mutter beizustehen, die es alleine nicht schafft, den Schwiegereltern Grenzen zu setzen, sie soll ihm aber auch versichern, dass sie mit dem Vater zusammen sich in der Beratung Hilfe holen will, um gemeinsam einen guten Weg zu finden, um die Einmischungsversuche der Verwandten in ihre Familie zu verhindern. Sie müsse davon ausgehen, dass das Mitleiden des Sohnes mit der Mutter und sein Engagement, ihr beizustehen, für ihn viel wichtiger seien, als das schulische Lernen.

Können die Eltern ihren eigenen Eltern Grenzen setzen und zur rechten Zeit Nein sagen, ihre Eltern aber auch in rechter Weise achten, ist dies für ihre Kinder sehr wertvoll und hilft zur Geburt der Originalität des eigenen Ichs der Eltern wie auch der Kinder. Da viele alt gewordene Eltern meinen, sie seien nur geachtet, wenn sie sich in das Leben ihrer erwachsenen Kinder einmischen dürfen, gilt es, ihnen durch andere

Formen der Wertschätzung zu zeigen, dass man ihnen dankbar ist und sie achtet, als durch Unterwerfung unter ihren Willen. Das Beleidigtsein der Großeltern sollten die Eltern nicht mit Trotz beantworten, sondern höflich und freundlich bleiben und Verständnis haben für die Schmerzen der seelischen Geburtswehen der Eltern, aber sich konsequent vor Schuldzuweisung und Abwertung schützen.

e) Die Eltern achten auf eine ausgewogene Partnerschaftlichkeit

Ebenso werden die Eltern in ihrer Originalität für die Kinder sichtbar und eine Ermutigung, die Originalität des eigenen Ichs zu entwickeln, wenn sie sich auch als Ehepartner voneinander abgrenzen können, d. h. wenn es neben der gemeinsamen Welt der Ehe und Familie noch einen wenigstens kleinen Bereich der eigenen Kreativität und der eigenen Wünsche eines jeden Elternteils gibt. Wichtig ist auch, dass ein Elternteil dem anderen in einer Meinungsverschiedenheit klar sagen kann: „Nein, ich sehe das anders" bzw. „nein, ich möchte das nicht".

Entscheidend ist, dass beide Ehepartner Nein sagen können und dürfen. Nur wenn jeder Ehepartner sich zur rechten Zeit durchsetzen, aber auch zur rechten Zeit nachgeben kann und es langfristig zwischen dem Sich-durchsetzen und dem Nachgeben ein ausgewogenes Verhältnis gibt, ist eine gesunde lebendige Spannung zwischen den Ehepartnern gegeben. Die Kinder sehen dann: Papa ist ein Original, Mama ist ein Original, jeder zeigt das auch und jeder hat auch Platz, seine Originalität auszudrücken und leben zu lassen. Dann habe ich hier als Kind die Chance und Platz genug, auch ein Original zu werden und das Neue meines Daseins zum Ausdruck zu bringen.

In solchen Eltern ist eine andere seelische Energie lebendig, als in einem Paar, das in einem einseitigen seelischen

Gefälle existiert, d. h. wo der eine dominant und der andere unterwürfig ist. Denn partnerschaftliche Eltern strahlen ein anderes Selbstwertgefühl aus. Wo nämlich ein Elternteil zu oft nachgeben muss und es nicht schafft, sich auch durchzusetzen, entwickelt er oft Minderwertigkeitsgefühle oder verdrängt seine Aggressionen und Enttäuschungen. Diese aber landen wieder in der Seele eines Kindes und belasten dort die Geburt des Ichs.

Aber auch wer meint, sich immer durchsetzen zu müssen, hat unbewusst ein schlechtes Selbstwertgefühl, denn diese starke Energie der Selbstbehauptung, die die Wünsche und Meinungen des Partners nicht mehr wahrnimmt oder ernst nimmt, ist von versteckten Minderwertigkeitsgefühlen getrieben. Denn er meint, sich selbst zu verlieren, nichts mehr zu sein und nichts zu gelten, wenn er einmal nachgeben würde.

Das seelisch Gesunde liegt also in der Balance, im Gleichgewicht von Nachgeben und Sich-durchsetzen; so entsteht eine Kultur der Gemeinsamkeit und der gegenseitigen Achtung in der Unterschiedlichkeit der Partner.

Wenn also Mann und Frau sich um Partnerschaftlichkeit bemühen, tun sie nicht nur etwas Gutes für ihr eigenes seelisches Wohlergehen, für das zur Welt kommen ihrer Originalität, sie entlasten auch die seelische Entwicklung ihrer Kinder und schaffen Wegweisung und inneren Raum für deren Ich-Entfaltung.

f) Eltern bringen ihre eigene Seele zur Welt

Eltern, die partnerschaftlich miteinander umgehen, ermöglichen es sich gegenseitig, ihre je eigene Seele zur Welt zu bringen, denn Partnerschaftlichkeit erfordert Achtung vor der Eigenart des anderen und schafft so Raum, die Vielfalt der Gefühle auszudrücken, ohne bei sich oder beim anderen diese Gefühle zu bewerten. Da darf man auch zornig und ärgerlich sein, da darf man auch niedergeschlagen und traurig sein, da werden Gefühle nicht missbraucht, um z.B. im Zorn den anderen einzuschüchtern oder durch Tränen dem anderen Schuldgefühle zu vermitteln. Gefühle werden geachtet, aber nicht als Argumente verwendet. Wer lautstark seinen Zorn äußert, muss noch nicht im Recht sein. Aber auch Tränen sind noch kein Beweis für geschehenes Unrecht. Es braucht zusätzlich zum Entfaltungsraum der Gefühle auch die klare Willensäußerung und die sachliche Argumentation.

Für viele Menschen ist es oft ein langer Weg, die Abwertung oder gar Verteufelung ihrer aggressiven Gefühle oder depressiven Stimmungen bei sich selbst aufzugeben. Dies ist nur möglich, wenn es gelingt, den Teufelskreis der verteufelten Wut zu durchbrechen und Gefühle in kreativer Weise und ohne Beleidigungen auszudrücken.

Solange einer auf Grund seiner aggressiven oder traurigen Gefühle abgewertet wird, hat er Angst vor diesen Emotionen und lernt nicht, sie so auszudrücken, dass sie als informative Signale bei anderen Menschen ankommen und er für sich selbst verständlicher wird. Wer z.B. im Zorn beleidigend und verletzend wird, verbreitet nicht nur Angst, er hat meist selbst vor den negativen Auswirkungen seiner Gefühle Angst und kann sich damit nicht innerlich bejahen. Wer aber auch bei Ärger und Zorn die Spielregeln fairer Kritik einhält, kann zu seinen Gefühlen stehen und sie ehrlich zum Ausdruck bringen. Das Wort Kritik kommt aus der altgriechischen Sprache und bedeutet „unterscheiden, genau hinschauen". Dem Wortsinn gemäß geschieht Kritik also dadurch, dass man das Verhalten und die Aussagen des anderen genau beobachtet und versucht, sie möglichst exakt zu beschreiben, ohne sie zu bewerten.

Das zweite Element der Kritik besteht in der Beschreibung und Mitteilung der eigenen Gefühle, die das Verhalten des anderen ausgelöst hat. Korrekte Kritik besteht also nur in Beschreibungen, einerseits der Außenwelt des Verhaltens des anderen und andererseits der eigenen Innenwelt. Durch Kritik bringt man seine eigenen Gefühle zum Ausdruck und zeigt gleichzeitig dem anderen, welche seiner Verhaltensweisen diese Wirkungen erzeugt haben. So hilft Kritik, Verdrängungen (z. B. von Zorn oder Trauer) zu vermeiden und andererseits hilft sie, einem Mitmenschen die Auswirkungen seines Verhaltens auf andere sichtbar zu machen, die er sonst nicht sehen würde, weil wir ja für viele Wirkungen unseres Lebens blind sind, vor allem für die Wirkungen, die wir im Denken und Fühlen unserer Mitmenschen auslösen.

Je mehr also Eltern die Kunst fairer Kritik untereinander wie auch gegenüber den Kindern beherrschen, desto besser kann ihre Seele zur Welt kommen, desto mehr werden sie auch mit ihrem Inneren für die Kinder sichtbar und verständlich, desto leichter fällt es den Kindern, sich auch selbst mit den eigenen Gefühlen, in denen sich wesentlich die Original ihres Ichs zeigt, zum Ausdruck zu bringen.

Die Spielregeln konstruktiver Kritik

Kritisieren heißt (Wortbedeutung): *unterscheiden, genau hinschauen.*

Kritisieren heißt nicht: *abwerten, beleidigen, verspotten, lächerlich machen sich über einen anderen stellen, einen anderen „fertig machen" wollen.*

Die Spielregeln der Kritik

(Eventuell zuvor die Frage stellen: „Darf ich dir etwas sagen?")
1. Das Verhalten und die Aussagen des anderen in einem konkreten Beispiel (wann und wo?) beschreiben.
2. Die Wirkung auf mich beschreiben (nur direkte Gefühlsaussagen!).

3. Den Kritisierten um seine Beschreibung bitten (Wie hat er/sie die Situation erlebt?, Ich akzeptiere es, wenn er/sie darauf verzichtet.).

Kritik arbeitet nur mit Beschreibungen (der „Außenwelt" des anderen und der eigenen „Innenwelt").
Kritik verzichtet auf Bewertungen.
Kritik vermeidet dadurch die Steigerung von Aggressionen.

g) Eltern werden eins mit ihrer Geschichte

Da auch die Verdrängungen, die Eltern aus ihrer eigenen Kindheit in sich tragen, auf ihre Kinder übergehen können, entlasten sie diese dadurch, dass sie sich mit ihrer eigenen Vergangenheit, mit ihrer Lebensgeschichte beschäftigen und innerlich einwilligen, dass all dies, was sie je erlebt haben, zu ihnen, zu ihrem Wesen und zu ihrem Ich dazugehört. Denn unser Gegenwarts-Ich birgt jede bisherige Lebensphase, alle angenehmen und unangenehmen Erfahrungen in sich. Auch wenn vieles davon im Unbewussten liegt, schlummert es nicht; es wirkt und äußert sich immer wieder in Verhaltensweisen, die wir an uns selbst nicht verstehen, weil uns die inneren Kräfte, aus denen sie erwachsen, nicht bewusst sind. In diesen unbewussten Schichten unseres Ichs gibt es vergessene Schamgefühle, verdrängte Wut und Trauer und vieles andere, was nie ausgedrückt wurde, was nie zur Welt kam, aber aus den tiefen Schichten des Unbewussten indirekte Äußerungen produziert. So kann ein erwachsener Mann depressiv werden, weil er aus Angst vor seinen eigenen Wut-Energien diese seit Kindheit so erfolgreich verdrängt, dass er gar nicht weiß und nicht daran glauben kann, dass er Wut in sich trägt. Eine andere Form indirekter Wutäußerung ist das Zähneknirschen im Schlaf.

Es ist eine sehr wichtige Aufgabe der Eltern, im Sammeln

ihrer lebensgeschichtlichen Erfahrungen und im Hinhorchen auf die darin enthaltenen Gefühlsenergien ihre Vergangenheit langsam immer besser wahrzunehmen und zu akzeptieren. D.h. nicht, dass sie all das, was sie erlebt oder getan haben, für gut und richtig halten, sondern dass sie innerlich einwilligen, dass all das zu ihnen dazu gehört, dass es ein Teil ihrer Geschichte und ihres Lebens ist.

Eine kleine Hilfe dazu könnte sein, dass sie ein umfangreiches Fotoalbum erstellen, in dem sie ihre Kindheit und Jugendzeit und wenn möglich auch zurück bis in die Kindheit der Eltern dokumentieren und sich gegenseitig und später auch den Kindern viel davon erzählen, was auf diesen Bildern zu sehen ist und wie die Lebensumstände und die emotionalen Stimmungen damals waren. Diese Integration der eigenen Vergangenheit bedeutet meist ein Stück Trauerarbeit über ungelebte Kindheitsphasen oder über schicksalhafte Überforderungen und Belastungen in jenen früheren Lebensphasen.

Je mehr die Eltern ihre Vergangenheit anschauen und darüber sprechen, umso besser schützen sie die Kinder vor unbewussten Belastungen, die deren seelische Entwicklung beeinträchtigen. Diese Integration der Vergangenheit nennen wir auch „Aufarbeitung" alter Probleme aus der Lebensgeschichte.

h) Eltern sorgen sich um eigene Lebenssinnorientierung

Kinder bringen ihre Eltern auf eine neue seelische Entwicklungsstufe. Durch Kinder kommt die Frau in ihre Mutterrolle, der Mann in die Vaterrolle. Kinder haben die Fähigkeit, in ihren Eltern die zärtlichsten Seiten ihrer Seelen wachzurufen und sich von ihrer einfühlsamsten Seite zu zeigen. Die Erwachsenen wagen im Kontakt mit ihren Kindern selbst wieder ein Stück Kind zu sein. So haben die Eltern die

Chance, ihre eigene Lebensgeschichte bis zurück in die Kindheit noch einmal wahrzunehmen und innerlich anzunehmen.

Kinder sind die empfangenden Wesen schlechthin. Durch sie lernen die Erwachsenen eine Freigebigkeit, eine Opfer- und Verzichtbereitschaft, wie sie sie gewöhnlich bisher nicht gekannt haben. Wohl kaum jemand denkt so ernsthaft, so ausdauernd, in so langfristig liebender Sorge über das Leben nach wie Eltern, die für ihre Kinder sorgen. So geben die Kinder den Eltern eine wesentliche Lebenssinnorientierung. Besonders bei Müttern dreht sich in der Zeit nach der Geburt der ganze Tagesablauf, der ganze Lebensrhythmus um das kleine Kind. Lebensenergie und Lebenssinn der Mutter sind lange Zeit ganz auf das Kind bezogen. Säuglinge haben das Recht, ihre Mutter zu „besitzen". Wem dies als Kleinkind nicht möglich war, der versucht unter Umständen später seinen Ehepartner zu besitzen oder seine Kinder ganz für sich in Anspruch zu nehmen.

Aber es ist gefährlich, wenn das Kind auf Dauer der einzige Lebenssinn der Eltern ist. Denn die Kinder brauchen nicht nur einen guten Platz in der Familie und im Herzen von Vater und Mutter, sie müssen auch einen guten Platz in der Welt finden. Dafür brauchen sie das Vorbild ihrer Eltern. Wenn die Eltern mit offenen Augen das Leben der Welt beobachten, sich dazu gehörig wissen und die kleinen Schritte gehen, die ihnen möglich sind zu Gunsten einer lebenswerten Umwelt und für den Aufbau einer gerechteren und friedlicheren Welt, dann helfen sie ihren Kindern, aus der Familie heraus zu wachsen und in die größere Welt hinein zu wachsen und dabei ihre eigenen schöpferischen Kräfte und Fähigkeiten zu entdecken, die es ihnen ermöglichen, diese Welt mit zu gestalten und die Originalität ihres Wesens in die größere Welt hinein „zur Welt kommen" zu lassen.

Sind die Kinder auf Dauer der einzige Lebensinhalt der Eltern, dann sind diese Eltern für ihre Kinder eine seelische Sackgasse. Solche Eltern können später ihre Kinder nicht loslassen, denn wenn diese ihre eigene Welt entdecken wollen, ihre eigene Familie aufzubauen sich anschicken, stürzen sie ihre Eltern in die Sinnlosigkeit, rauben ihnen den einzigen Sinn ihres Lebens. Eltern helfen also ihren Kindern, in rechter Weise selbstständig und selbstbewusst zu werden, wenn sie unabhängig von ihren Kindern auch noch eine eigene Beziehung zur Welt und als Partner zueinander haben, und zur rechten Zeit die Kinder „ziehen lassen" können und sich danach nicht überflüssig und sinnlos vorkommen, weil sie genügend Möglichkeiten sehen, aus ihrem Leben sonst noch etwas Sinnvolles zu machen.

i) Eltern helfen einem Kind, sich von den Vorfahren zu unterscheiden

Manche Kinder identifizieren sich in ihrem Mitgefühl nicht mit einem Elternteil, sondern mit einer anderen Person im Verwandtschaftssystem, z.B. mit Opa oder Oma, mit Onkel oder Tante oder sonst einer Person, die einen ungelösten seelischen Schmerz in sich trägt oder von anderen abgewertet ist. Ein Kind kann sich in einem solchen Fall z.B. von Großeltern extrem vereinnahmen lassen, soll sie immer besuchen und immer Mitleid haben, wenn sie ihm von Einsamkeit, Enttäuschungen und Traurigkeiten erzählen. Kinder können davon emotional so in Anspruch genommen werden, dass sie ihre Kindlichkeit verlieren und sich ständig ernsthaft Sorgen machen um diese leidenden Menschen.

Dann ist es wichtig, dass die Eltern dieses Engagement des Kindes würdigen und ihm Achtung entgegen bringen; denn es ist gefährlich, den Anteil an Liebe in diesem Verhalten nicht anzuerkennen. Aber sie versuchen ihm zu zeigen, dass es als Kind es niemals schaffen wird, diese Menschen wirklich zu erlösen und auf Dauer glücklich zu machen.

Nur Argumente können in solchen Fällen meist wenig bewirken, deshalb sind Geschichten und Gleichnisse, die den emotionalen Zusammenhang des Problems mit zum Tragen bringen, oft hilfreicher.

Das anschließende Gleichnis kann in einem speziellen Fall dazu eine wichtige Hilfe sein:

Botschaft an ein Kind, das der Oma seelisch beizustehen versucht

Der Tränen-See

Schau, die Oma war noch klein, als ihr Vater durch einen Unfall gestorben ist, es war schwer für sie, ohne Papa aufzuwachsen.

Deshalb ist sie vielleicht heute oft noch sehr traurig und möchte am liebsten weinen. Sie war ja damals erst ein halbes Jahr alt und konnte das alles noch nicht verstehen, sie konnte nicht einmal ans Grab gehen und zu ihrem Papa Ade sagen, und sie konnte nicht verstehen, dass er jetzt bei Gott ist, aber auch unsichtbar in unserer Welt da bleibt, dass er uns ganz nahe ist, wenn wir an ihn denken; niemand verlässt die Welt ganz, sondern er bleibt unsichtbar bei den Menschen, die ihn gern haben.

Als ich klein war, habe ich geglaubt, dass ich der Oma (meiner Mutter) helfen kann, aus ihrer Traurigkeit herauszukommen, viele Jahre habe ich es versucht, aber ich habe es nie lange geschafft. Kein Kind kann den inneren Tränen-See der (Oma) Mutter austrocknen. Nur eine kleine Weile ablenken kann man sie als Kind von ihrer Traurigkeit.

Das ist lieb von dir, wie du der Oma helfen willst und sie trösten willst.

Eigentlich müsstest du ihr den Papa ersetzen, dazu müsstest du der Ur-Opa werden und sie müsste noch einmal ein Kind werden; ob das geht? Ich glaube nicht.

Vielleicht möchte die Oma wirklich noch einmal ein Kind sein und die Tränen weinen, die sie damals nicht geweint hat. Kleine Kinder trauen sich nämlich manchmal nicht, viel zu weinen, weil sie Angst haben, dass aus den Tränen ein riesengroßer Tränen-See wird, in dem man untergehen könnte, oder der einfach über einem hinwegfließt und dann sieht man nichts mehr von der Welt.

Deshalb haben kleine Kinder manchmal Angst vor zu viel Tränen, denn die können wie ein Wasserschleier vor den Augen werden, der es uns schwer macht, die Welt zu sehen.

Aber die Tränen, die wir nicht weinen, sammeln sich in einem großen Tränen-See in unserem Inneren, in unserer Seele.

Und manchmal fließt er über und fließt dann über unsere Augen heraus und über das Gesicht herab. Und dann muss man immer wieder weinen und traurig sein.

Man kann den Tränensee nicht einfach ausschöpfen oder ausleeren.

Der traurige Mensch muss selbst vorsichtig in den Tränen-See hineinsteigen und eintauchen bis zum Hals und einige Zeit so im Tränen-See baden und spüren, dass jeder Tropfen eine große Traurigkeit enthält, aber dann muss man hochschauen zur Sonne und die Sonne bitten, dass sie den Tränen-See austrocknet.

Und dann wird die Sonne ganz freundlich auf die Erde schauen und sie wird die Bäume und Blumen bitten, ihr zu helfen.

Und dann werden die Bäume und Blumen mit ihren Wurzel beginnen, das Wasser aus dem Tränen-See zu saugen und die Strahlen der Sonne werden das Wasser des Tränen-Sees warm machen, dass es zu verdunsten beginnt und als kleine lustige Wolken am Himmel erscheint.

Und so wird der Tränen-See langsam ausgetrocknet und die Bäume und die Blumen um ihn herum wachsen und blühen wie nie zuvor, weil der Tränen-See überall das Erdreich locker und feucht gemacht hat.

Und dann ist die Zeit da, dass die Oma nur noch ganz selten traurig ist und nur ganz selten weinen muss, nur dann vielleicht, wenn auch der Himmel weint, damit die Erde nicht ganz austrocknet.

Aber die Blumen und Gräser der Seele freuen sich, wenn die Menschen ihre Tränen zur rechten Zeit weinen, und dann laden sie sie ein, wieder fröhlich zu sein und sich am Leben zu

freuen und die vielen schönen Dinge in der Welt wieder zu sehen.
Und der Ur-Opa, um den die Oma geweint hat, dem geht es jetzt gut, der ist bei Gott und fühlt sich dort pudelwohl und schaut gemeinsam mit Gott uns zu, was wir machen auf dieser Welt, und er freut sich mit uns, wenn wir fröhlich sind.

3. Therapeutische Arbeit

Kann der Therapeut seelisch leidenden Menschen gute Ratschläge erteilen, um deren Verhalten zu ändern oder haben nicht seine Klienten ihre Probleme schon tausendfach hin und her überlegt und alle möglichen Wege ausprobiert und abgewogen? Aber in der Therapie geht es nicht nur um Wissenserweiterung, es geht vor allem um das Finden eines anderen Standpunktes und einer anderen Perspektive, um die bisherigen Probleme und mögliche Lösungswege in einem neuen Licht erscheinen zu lassen. Das ist leichter gesagt, als getan, denn das Finden eines anderen Standpunktes bedeutet ja, den bisherigen Standpunkt zu verlassen.

Bei Leiden im seelischen Bereich und im Beziehungsbereich ist ein Standpunkt nicht nur eine theoretische Sache, sondern er ist der seelische Ort, an dem man Anerkennung, Liebe und Wertschätzung und andere wesentliche Erfahrungen der Zuwendung machen konnte, es ist der Ort, an dem man sich dazugehörig weiß zum Leben der Mitmenschen und der Umwelt. Es ist der Ort der Ich-Findung und der Entwicklung des eigenen Selbstbewusstseins. So kann das Verlassen dieses „Standpunktes" mit der Angst verbunden sein, alle diese seelisch tragenden Kräfte zu verlieren und haltlos, einsam und unverständlich für seine Mitmenschen zu werden. Dieser „Standpunkt" ist ja gleichzeitig die Rolle, die man bisher in der Beziehung zu seinen nächststehenden

Mitmenschen gespielt hat, in der sie einen kennen, einschätzen können und achten. Die Verunsicherung der Mitmenschen durch eine eigene Verhaltensänderung und die Gefahr, dass diese in der Verunsicherung einen abwerten, mit Entrüstung und Ablehnung reagieren, löst oft noch mehr Angst aus, als wenn man sich selber einige Zeit wenig versteht und einschätzen kann. Das mag wohl der Grund sein, warum viele einen seelisch heilsamen Weg nicht alleine gehen können, sondern dabei eine Begleitung, also eine Therapeutin, einen Therapeuten brauchen, der mit ihnen die Wege auch durch Angst und Unsicherheit, durch extreme Gefühle und seelische Haltlosigkeit hindurch geht. Denn sonst können Angstzustände, Misstrauen und die Wirkung von verständnislosen Reaktionen der Mitmenschen so gewaltig werden, dass es leichter fällt, die Schmerzen eines seelischen Leidens, mit dem man schon vertraut ist und auch bei einem Teil der Mitmenschen schon bekannt ist, auszuhalten, als einen neuen Weg zu riskieren. Deshalb leiden viele lieber über Jahre und Jahrzehnte, als dass sie etwas Grundlegendes ändern möchten. So haben seelische Leiden oft eine gewaltige, sich selbst stabilisierende Wirkung.

Was sind nun die grundsätzlichen Aufgaben eines Therapeuten?

a) Erkennen, wo der Raum für das Ich fehlt

Der Therapeut versucht zu erkennen, ob die Stimme, die aus dem Klienten spricht, wirklich die Bedürfnisse seines eigenen Ichs widerspiegelt oder ob da fremde Ichs die Oberhand besitzen, das Ich von Vater oder Mutter, das Ich eines nahen Verwandten, der im Familiensystem ausgegrenzt oder abgewertet ist, aber in diesem Klienten einen unbewussten Solidarpartner gefunden hat.

Auch bei sehr autoritärem Familienklima, wenn Gehorsamsforderungen der Eltern extreme Ausmaße annehmen oder wenn es Gewalt oder sexuellen Missbrauch in der Familie gibt, wird der seelische Spielraum für die Bedürfnisse und für die Selbstwahrnehmung des Kindes sehr klein.

Es ist durchaus wichtig, dass jedes Familienmitglied für jeden anderen in seinem seelischen Raum einen angemessenen Platz bereit hält; aber dieser Platz darf nicht zu groß und zu mächtig sein. Die seelische Hauptwohnung und die „Gänge" zwischen den seelischen Räumen müssen dem eigenen Ich reserviert sein, müssen von ihm souverän bewohnt und verwaltet werden. Allen anderen, besonders auch den Eltern, sind Räume in der Seele zuzubilligen, deren Türen vom eigenen Ich aufgemacht und wieder geschlossen werden können.

Wo diese Souveränität des eigenen Ichs im Haus des eigenen Körpers und der eigenen Seele nicht gegeben ist, muss man dieses klein gebliebene und oft sich versteckt haltende Ich eines Menschen erst aufspüren, z.B. durch entsprechende Atem-Übungen oder andere körpertherapeutische Methoden. Dann gilt es, zu diesem kleinen „Ich" eine liebende, schützende und ermutigende Beziehung zu entwickeln und es vorsichtig heraus zu locken aus seinen Verstecken und den seelischen Raum, der vorhanden ist, vorsichtig abzutasten und zu erforschen und als innere Lebenswelt für sich zu beanspruchen.

Die Entdeckung und Weitung des inneren Raumes für die eigene Seele ist aber nur die eine (die innere) Seite der Problemlösung, sie muss Hand in Hand gehen mit der Entdeckung und Beanspruchung des äußeren Raumes. Es ist notwendig, eigene Gefühle, Wünsche und Bedürfnisse nach außen hin deutlich zu machen und dies besonders gegenüber jenen Menschen, die einen im bisherigen Zusammenleben kaum wahrgenommen und ernstgenommen haben. Nicht nur positiv formulierte Wünsche haben dafür eine große Bedeutung, auch die negative Form, in der man zum Ausdruck bringt, dass man etwas nicht wünscht, nicht glaubt oder nicht haben will. Die Fähigkeit, „nein" zu sagen, ist wesentlich, um sich von anderen zu unterscheiden und sich abzugrenzen und den eigenen seelischen Raum zu weiten. Dies hilft einerseits, sich innerlich sicherer und geschützter zu erleben und andererseits für die Umwelt besser sichtbar zu werden. Aber zu viel Schutz – in Form von Schuldzuweisungen oder Verbitterung oder Abkapselung – macht sehr einsam und zerstört die Fähigkeit zum Mitgefühl, zur inneren Lebendigkeit und beeinträchtigt den Aufbau menschlich wertvoller Beziehungen.

b) Hebamme sein für die Geburt der Seele

Viele seelisch leidende Menschen gehen nicht in Therapie, weil sie gewohnt sind, alle Probleme selbst zu lösen und meinen, mit entsprechender Willensenergie und etwas „sich kundig machen", mit ihrem psychischen Problem fertig zu werden. Aber auch bei erwachsenen Personen, die in der Kindheit ein Elternteil verloren haben, kann bei der Annäherung an die schon in der Kindheit verdrängten Gefühle ein gewaltiger seelischer Abgrund sich auftun, der die Seele mit blankem Entsetzen erfüllen kann.

Solche Menschen ergreifen gewöhnlich nur die Flucht davor und hüten sich sehr, zu nahe an solche Gefühle heranzugehen. Der Therapeut aber wird dem Klienten, der wirklich diese seelischen Probleme lösen will, sagen, dass diese bedrohlichen Gefühle zum Leben der Seele dazu gehören, dass er da hindurch gehen müsse. Diese Abgründe können ihm zwar tatsächlich den Boden unter den Füßen entziehen, so dass er jeden Halt zu verlieren droht, aber er werde dies alles seelisch „überleben", ja er werde sich nachher wie neu geboren fühlen. Diese Erfahrung werde eine Verwandlung bewirken, die ihn zu bisher unerschlossenen Energiequellen seines Wesens führe. Aber alle Theorie und viele Erklärungen werden nicht ausreichen, einen solchen angstmachenden Weg den Klienten allein gehen zu lassen. Oft muss der Therapeut jede Phase dieses Weges begleiten, dem Klienten in den bedrohlich aufsteigenden Gefühlen sehr nahe sein, damit dieser den begonnenen Weg zu Ende geht und nicht auf halber Strecke wieder umkehrt.

Dabei ist der Therapeut nicht eigentlich der „Heiler", sondern mehr ein Geburtshelfer bzw. eine Hebamme, d. h. er unterstützt und begleitet in achtsamer Weise die Geburt der Seele des Klienten. Seelische Belastungen und Krankheiten haben also damit zu tun, dass das Ich eines Menschen noch zu wenig in seiner Originalität „zur Welt" kommen konnte, dass der innere Raum noch nicht genügend vorhanden und der äußere Raum noch nicht genügend beansprucht worden ist.

Es fördert den Heilungsprozess, wenn sich der Therapeut seiner untergeordneten Rolle bewusst ist und diese Rolle in Demut akzeptieren kann. Nicht als Heiler steht er im Mittelpunkt, sondern als Geburtshelfer steht er neben dem zentralen Ereignis, der Geburt der Seele. Nicht er liefert die Energie für das Geschehen, er räumt nur Hindernisse weg, um den Energien im Klienten endlich Entfaltungsraum zu ermöglichen. Nicht er diktiert die Lösung, sondern er versucht zu erkennen, wie die schon im Klienten vorhandene, aber noch nicht bewusste Lösung aussieht.

Ein Therapeut muss bei manchen Klienten mit einer „seelischen Sehnsuchtshand" rechnen, die ihm voll Erwartung hingehalten wird, aber oft nicht um Wegbegleitung für einen schmerzhaften Geburts- oder Heilungsvorgang zu bekommen, sondern um Ersatz zu sein für einen vermissten Elternteil bzw. für einen fehlenden Partner des Klienten. Deshalb ist es Aufgabe des Therapeuten, immer wieder deutlich zu machen, dass er diese hohe Erwartung nicht erfüllen kann, dass er nicht das geben kann, was man von Eltern oder einem Partner erwartet, dass er den Klienten notwendigerweise enttäuschen muss und unter Umständen deshalb bei ihm auch Aggressionen, Entrüstung und das Aufbrechen alter Verletzungen auslösen kann. Es war wohl eine ernüchternde, aber heilsame Erfahrung, als eine Klientin flehentlich ihren Therapeuten fragte: „Wenn mich keiner in meiner Familie beachtet und ernst genommen hat, lieben Sie mich wenigstens?" Darauf der Therapeut: „Warum soll ich Sie denn lieben, wenn Sie sich nicht selbst lieben. Ich möchte Ihnen helfen, dass Sie sich selbst ernst nehmen, Ihre eigenen Kräfte entdecken und Verantwortung für sich selbst übernehmen und ich möchte damit meinen Lebensunterhalt verdienen."

c) Abbau von Schuldzuweisungen

Das psychoanalytische Denken, das Sigmund Freud begründete, hat wohl auch deshalb viele Gegner gefunden, weil im Suchen nach den Ursachen seelischer Probleme meistens die Eltern als die Schuldigen sichtbar wurden. Hatte jemand Angstzustände oder eine Suchtkrankheit, wurde jemand kriminell oder war einer unfähig, sein Leben selbstständig zu meistern, ließ sich gewöhnlich in seiner Kindheit die Ursache finden. Und dafür waren dann die Eltern als die Schuldigen auszumachen. Dadurch wurden die Menschen eingeteilt in Opfer und Täter. Die Opfer waren die Menschen der jetzigen Generation, die Täter waren die Menschen der Elterngeneration.

Im systemischen Denken der Familientherapie wurde erkannt, dass dieses Schuldzuweisungsdenken keine gute Lösung seelischer Probleme ermöglicht, da es Abwertung und Verachtung gegenüber den Eltern wecken kann, die oft nicht mehr aufgelöst werden. Deshalb arbeitet die Familientherapie immer mit der Datenerfassung von drei Generationen. D. h. man blickt nicht nur zurück auf die Kindheit der seelisch leidenden Person und auf das Verhalten ihrer Eltern, sondern man betrachtet auch die Kindheit der Eltern und braucht dafür auch die Daten aller Geschwister der Eltern und die Daten der Großeltern. So wird es möglich, die

Eltern, die man in der eigenen Kindheit als mächtig und damit als Täter für eigene seelische Verletzungen erlebt hat, gleichzeitig als Opfer ihrer eigenen Lebensgeschichte zu erkennen.

Zudem konzentriert sich die familientherapeutische Aufmerksamkeit zuerst auf die Lebensdaten, wie Geburtstermin, Hochzeitsdatum, Sterbedaten, Krankheiten und Unfälle, Kriegsaufenthalte und berufliche Arbeitsbelastung und bringt diese in Zusammenhang mit den gesellschaftlichen und politischen Ereignissen und zeitgeschichtlichen Umständen und Rahmenbedingungen. Dadurch wird sichtbar, dass es nicht darum geht, Schuldige zu suchen, sondern schicksalhafte Belastungen, Zwänge und Überforderungen zu erkennen. So werden die bestehenden Probleme als Verstrickung in leidvolle Umstände sichtbar, nicht als das Ergebnis der Unfähigkeit oder Bosheit der Mitmenschen.

Grundlegend für dieses Denken ist eine Aussage von Bert Hellinger, die er bei einer seiner Familienaufstellungen machte, als ein Klient sein Problem beschrieb:

„In der Beschreibung ihres Problems kann etwas nicht stimmen; denn sie haben bereits zweimal eine abwertende Aussage gegenüber einer beteiligten Person verwendet. Werden in der Beschreibung eines Problems abwertende Aussagen gegenüber einer Person verwendet, gibt es keine Lösung des Problems. Die Lösung liegt immer in Richtung der Würdigung aller Beteiligten."

Das heißt natürlich nicht, dass Menschen nicht schuldig werden könnten, aber das Aufdecken von Schuld und das Anklagen des Schuldigen bringen keine Lösung des Problems. Es ist im therapeutischen Prozess durchaus oft wichtig, dass ein seelisch schwer leidender Mensch seine Verletzung und die dadurch verursachten Schmerzen oder auch den dadurch geweckten Hass oder Zorn jenem Menschen mit allen Energien seiner Emotionalität zeigen kann, der ihm die Verletzung zugefügt hat. Aber dabei ist es entscheidend, ob das „Opfer" seelisch auf dem selben Boden, auf der selben Ebene bleibt, wie der „Täter" und sich nicht über ihn stellt und ihn nicht von oben her verachtet und verteufelt. Der Leidende konfrontiert sein Gegenüber mit dem Schmerz, den er in sich trägt und mit allen damit verbundenen Gefühlen. Aber dann geht es darum zu erkennen, dass man trotz aller Probleme und Belastungen ein erwachsener Mensch geworden ist, der seine Verstrickungen erkennen und jetzt in der Gegenwart für sich verantwortlich handeln kann. Die entscheidenden Blockaden in der Gegenwart bestehen nicht nur auf Grund von Verletzungen durch Vorfahren, sondern auch, weil man in eine ungesunde Helfer- oder Erlöserrolle für diese Vorfahren geraten ist, oder weil man versucht bei anderen Menschen das zu holen, was man von den Eltern nicht bekam. Durch diese Projektionen überfordert man aber sich selbst und seine Mitmenschen und wird notwendigerweise enttäuscht und kraftlos, manche auch aggressiv und gefühllos.

Die erfahrenen Verletzungen sind nicht immer die eigentlichen Belastungen, sondern das Problem ist oft das besondere Problemlösungsmuster, das man entwickelt hat, das aber ungesund ist. (eine zu dicke seelische Schutzhaut, eine zu große Verletzbarkeit durch „Sehnsuchtshände, die man seinen Mitmenschen entgegen hält)

Aber auch bei sich selbst für ein Problem die Schuld zu suchen, hilft kaum, eine positive Verhaltensänderung zu bewirken. Denn in vielen problematischen Verhaltensweisen, unter denen man selbst oder die Mitmenschen leiden, ist ein Anteil bewusster oder unbewusster Liebe enthalten, den es zu erkennen und zu würdigen gilt, um dann dieser positiven Energie einen anderen Weg zu erschließen, damit sie leben kann. Steht das Schuldgefühle alleine im Vordergrund, werden Problemzusammenhänge nicht mehr wahrgenommen und verstanden und damit auch nicht mehr lösbar. Schuldgefühle sind zwar wichtige Signale dafür, dass das eigene Verhalten verletzende Wirkungen hat, aber für das Suchen einer guten Lösung muss man zuerst die nötige Empfindsamkeit und vielleicht auch Kreativität für neue Wege entwickeln und nicht bloß den guten Vorsatz: „Ich tu es nicht mehr". Wird der Anteil an unbewusster Liebe in einem negativen Verhalten eines Klienten vom Therapeuten gelobt, findet dieser leichter die Kraft zu einer Änderung.

d) Überwindung der reinen Opferrolle

„Wie kann denn aus meinem Leben noch etwas sinnvolles werden, wenn ich in meiner Kindheit so ungünstige Lebensbedingungen erfahren habe, wenn ich so schlimme Verletzungen in mir trage?" So fragte eine Klientin mutlos und verzweifelt ihre Therapeutin. Diese aber antwortete: Trotz ihrer Belastungen sind sie eine erwachsene Frau geworden und haben schon viele sinnvolle und erfolgreiche Entscheidungen für ihr Leben getroffen. Sie haben jetzt die Möglichkeit, ihre Vergangenheit sehr sorgfältig anzuschauen, Verantwortung für sich selbst zu übernehmen und aus den belastenden Verhaltensweisen ihrer Vorfahren zu lernen. Und wenn sie das „zur Welt kommen lassen", was sie bisher verdrängt, innerlich abgewertet und bekämpft haben, dann werden sie entdecken, ein welch sensibler, aber auch wissender und entscheidungsfähiger Mensch aus dieser ihrer Lebensgeschichte geworden ist.

In landwirtschaftlicher Sprache würde das heißen: „Es gilt, aus dem Misthaufen des bisherigen Lebens wertvollen Dünger für die Zukunft zu machen."

In christlicher Glaubenssprache heißt dies: „Im Kreuz ist Heil." In der Leidenserfahrung des bisherigen Lebens entwickelt mancher eine sehr dünne seelische Haut, durch die er sensibel, wie ein zarter Sensor, das Leben seiner Mitmenschen und seiner Umwelt spüren und die psychodynamischen Vorgänge wahrnehmen kann. Wenn er nun im Nachhinein gelernt hat, sich auch in gesunder Weise zu schützen und abzugrenzen, also nachträglich noch eine gesunde „seelische Haut" zu entwickeln, wird er dadurch die früher entwickelte Sensibilität und das erworbene Einfühlungsvermögen nicht verlieren und kann dann sehr verständnisvoll und hilfreich für leidende Mitmenschen da sein. Aus seinem Leid („Kreuz") ist eine besondere heilende Fähigkeit, vielleicht sogar eine wertvolle „Berufung" für sein Leben geworden. Es gibt wohl keine bedeutenden Therapeuten oder Therapeutinnen, die nicht eine eigene schmerzvolle Geschichte aufzuarbeiten hatten.

Wer im Blick auf seine belastete Vergangenheit nur jammert, klagt und nach Schuldigen sucht, der weigert sich, erwachsen zu werden und verantwortungsvoll mit den Kräften umzugehen, die in seinem Leben enthalten sind. Oft ist es bequemer zu jammern und zu klagen, sich bemitleiden zu lassen und im Selbstmitleid zu schwelgen, als sich kompetente Hilfe zu holen, um sich mit der eigenen Vergangenheit intensiv auseinanderzusetzen, um den Weg der Heilung zu erkennen und zu gehen.

Dafür gibt es auch keine Altersbegrenzung. Der klagende Einwand einer Fünfzigjährigen gilt nicht, die meinte: „In meinem Alter ist es doch kaum mehr möglich, sich zu ändern, das kann doch keiner von mir verlangen." Darauf der Protest des Familientherapeuten: „Und wenn Sie 80 Jahre alt wären, würde ich diesen Satz nicht akzeptieren. Solange Sie nicht im Sarg liegen, haben Sie die Möglichkeit, etwas in Ihrem Leben besser zu verstehen und daraus Konsequenzen zu ziehen, damit Ihr Leben schöner und liebenswerter wird."

Vielleicht geht die Möglichkeit seelischer Arbeit auch nach dem Tod noch weiter, z. B. in Form von Versöhnung mit denen, die einem dann wieder begegnen werden? Jedenfalls zeigt sich in therapeutischer Arbeit, dass ein belastendes Schuld- oder Wutgefühl gegenüber einem bereits Verstorbenen sich lösen kann, wenn man mit diesem in Kontakt tritt und einen Weg der Versöhnung beschreitet.

e) Erstverschlimmerung der seelischen Schmerzen

Seelische Probleme entstehen oft durch Verdrängung schmerzhafter unangenehmer Gefühle, die durch einen Schicksalsschlag ausgelöst sein können. Will man das Problem lösen, muss man die Verdrängung aufheben und dadurch dem Schmerz Raum geben, ihn also zulassen und aushalten lernen. Für die Gefühle eines Klienten bedeutet dies, dass es eine Verschlimmerung seines seelischen Leidens gibt, was oft Angst und Verwirrung auslöst, da er ja nicht weiß, dass dieser starke aufsteigende Schmerz eine andere innere Struktur hat, als sein bisheriges Leiden, nämlich dass er bald wieder abnehmen und sich verwandeln wird in eine Energie, die sensibel und stark macht.

Auch eine nicht gelebte Trauer, die nachgeholt wird, kann zuerst zu extremen Gefühlen der Angst, der Verlassenheit und zu heftigen seelischen Schmerzen führen. Aber diese Gefühle bleiben nicht, wie viele befürchten, an ihnen hängen, sondern sie kommen, um sich zu zeigen und wieder zu gehen. Sie sind wie ein dunkles Tal, das durchwandert werden muss, an dessen Ende aber wieder Weite, Festigkeit und neue Horizonte sichtbar werden.

Die Tatsache der Erstverschlimmerung beim Angehen seelischer Probleme macht es oft notwendig, einen therapeutischen Begleiter zu haben, weil man sonst vielleicht in Panik gerät und auf halbem Weg wieder umkehrt und die alten Verdrängungsmechanismen wieder in Gang setzt.

Glücklich weiß sich ein Therapeut, wenn es ihm gelungen ist, den Klienten in der Bewusstwerdung seiner seelischen Verkümmerungen so weit zu bringen, dass es diesem unerträglich wird, wieder in das frühere Verhalten abzuleiten. Er kann dies fördern, wenn er dem Klienten ausdrücklich erlaubt und auch als eine durchaus vorhandene Möglichkeit nochmals vor Augen stellt, das frühere Verhalten einige Zeit weiterhin zu pflegen. Das frühere problematische Verhalten hatte ja auch gewisse Vorteile, und es lag ja auch ein Stück Liebe und Kreativität im früheren Handlungsmuster. Dafür den Klienten zu loben und ihn vor den Lasten eines neuen eigenverantwortlichen Handelns zu warnen, ist oft ergiebiger für einen seelischen Heilungsprozess, als das bisherige Verhalten nur negativ hinzustellen und auf eine Änderung zu drängen.

Loben hilft oft mehr als Tadeln. In jedem problematischen Verhalten ist ein Stück Liebe, die gewürdigt werden muss. Und jedes problematische Verhalten, unter dem man leidet, bietet manche Vorteile und Vorzüge, die man gerne genießen und nur ungern aufgeben möchte. Eine seelische Krankheit kann z. B. dazu führen, dass man von den anderen Familienmitgliedern rücksichtsvoll behandelt und geschont wird, dass man vielleicht in einer bequemen Kinderrolle bleiben kann und viel Mitgefühl und Aufmerksamkeit bekommt.

f) Körperarbeit und ritueller Vollzug seelischer Prozesse

Familientherapie bleibt nicht auf der Ebene der Gedanken und Worte, sie versucht direkt den Kontakt zur Welt der Gefühle und seelischen Energien zu finden. Da der Körper ein oft unbewusstes Ausdrucksorgan, ein Medium der Seele ist, ermöglicht Körperarbeit, z. B. Atmung und bestimmte Körperhaltungen, blockierte seelische Energien zum Fließen zu bringen. In der bewussten Atmung kann ein innerer Raum entdeckt werden, der es ermöglicht, dem abgewerteten, versteckten kleinen Ich aus der Kindheit Mut zu machen, sich hervorzuwagen und sich zu äußern. Die Atmung kann auch helfen, den inneren vom äußeren Raum zu unterscheiden und die Andersartigkeit der Innenwelt und ihrer Gesetze zu unterscheiden von der Außenwelt und ihren Ordnungen. So kann auch die Grenze zwischen innen und außen über die Haut erspürt werden und damit ein schon vorhandener körperlicher Schutzmechanismus für die seelische Schutzbedürftigkeit integriert werden.

Aber auch „problematische Rollen", in die man als Kind geraten ist, können mit Körperhaltungen aufgelöst werden. Um aus solchen Überforderungen und den dabei entstehenden Minderwertigkeitsgefühlen heraus zu kommen, kann ein Körpergestus sehr hilfreich sein, wie die Moslems ihn beim Beten praktizieren, wenn sie auf dem Boden kniend auch die Hände und den Kopf auf den Boden legen. Dieser Ritus vor den geistig hergeholten Eltern (bzw. einem Elternteil) macht bewusst, dass das Kind seelisch kleiner ist als die Eltern und es das Leben von diesen empfängt und annimmt in einer Haltung der Demut und so herabsteigt aus einer Rolle, in die es hinein geraten ist, einer Rolle, in der man über den Eltern steht und auf sie mitleidsvoll oder verachtend herab schaut. Der Körper begreift und handelt im Kontakt mit der Seele auf diese Weise oft schneller und konsequenter als der Verstand und die rationalen Willenskräfte dazu in der Lage sind.

g) Familienaufstellungen

Eine besondere Form der Körperarbeit sind die Familienskulptur in der traditionellen Familientherapie und die Familienaufstellungen nach Bert Hellinger. In beiden Fällen geht es um das Aufstellen des Familiensystems eines Klienten innerhalb einer therapeutischen Gruppe. Die Rollen der verschiedenen Familienmitglieder werden von anwesenden Personen dargestellt. Der Klient kann sein Gegenwartssystem, also seine jetzige Familie oder seine Herkunftsfamilie, also seine Eltern und Geschwister aufstellen. Dabei drückt der Abstand, den diese Ersatz-Familienmitglieder in dieser Aufstellung zueinander haben und der Winkel, in dem sie zueinander stehen, Wesentliches über die Art der Beziehung, die sie in der Realität leben, aus. Eigenartigerweise spüren diese Rollenspieler in einer solchen Aufstellung gewöhnlich die tatsächlichen Belastungen und Beziehungskonflikte, die es in dieser Familie gibt. Für den Klienten kann sowohl in der dreidimensionalen Struktur dieser Aufstellung, wie auch in den Gefühlsäußerungen der Rollenspieler die Struktur seines Problems sichtbar werden. Es ist die Aufgabe des leitenden Therapeuten den Weg der Lösung durch entsprechende Umstellungsversuche zu erarbeiten und sichtbar zu machen, wobei ihm die Aussagen der „Mitspieler" die Orientierung dafür geben, welcher Platz für die verschiedenen Familienangehörigen angemessen und gesund ist. Es ist das besondere Verdienst von Bert Hellinger durch seine Familienaufstellungen aufgedeckt zu haben, wie es zu Identifikationen von Nachfahren mit ungelösten seelischen Problemen von Vorfahren kommt. Und er hat auch aufgezeigt, wie wesentlich es für die Lösung vieler Probleme ist, jedem der Vorfahren einen angemessenen Platz der Achtung im eigenen Herzen und Denken zu geben. [8]

Schlusswort

Viele Worte und Sätze haben sich angesammelt, um die Geburt des Ich zu beschreiben. Aber sie können das, was damit gemeint ist, nicht vollständig erfassen und einfangen. Das mag wohl nicht nur an der Begrenztheit der Wahrnehmung und Sprachgewalt des Verfassers und der vom Verlag vorgegebenen Seitenzahl liegen, sondern vor allem an der Tatsache, dass das Leben und besonders das Ich eines Menschen komplexer, vielschichtiger und in der Eigenständigkeit seiner Dynamik kreativer ist, als unsere Begriffe, Beschreibungen und unser Ursache-Wirkungs-Denken es zu definieren vermag. Die Vielfalt möglicher Problemkonstellationen ist natürlich weit größer, als hier beschrieben. So verstehen sich die Ausführungen dieses Buches als Versuche, als Annäherungen, als Mosaikbausteine, als Hinweise für eine Wirklichkeit, die trotz des Bemühens, sie auf den Begriff zu bringen, nicht den Anspruch erheben, sie in den Griff zu bekommen.

Nicht nur ein neues Wissen ist für die noch nicht verwirklichte Geburt des Ich notwendig, mehr noch eine neue Wahrnehmung, ein eigenständiger Gebrauch der äußeren und inneren Sinne; denn die Geburt der Originalität des Ich ist für jeden Menschen so individuell und eigen, dass keine allgemeine psychologische Theorie dem einzelnen Menschen den Weg seiner seelischen Geburt beschreiben kann. Für jeden gilt es, diesen Geburtsweg selbst zu finden. Aber vielleicht ist es hilfreich zu wissen (bzw. zu glauben), dass es einen solchen Weg gibt, und dass es möglich und für ein sinnvolles menschliches Leben wichtig ist, seelisch geboren zu werden. Dann ist es sicher gut, einige typische Geburtsblockaden zu kennen, und nicht dem Irrtum zu verfallen, seelische Geburten könnten ohne Geburtswehen von statten gehen.

So verstehen sich diese Ausführungen vor allem als Ermutigung,

mehr zu sehen,
mehr zuzulassen,
mehr zu wagen,
mehr zu verstehen,
mehr zu „leben".

Ich wünsche Ihnen, lieber Leser, liebe Leserin dieses Buches,
dass Ihr ICH zur Welt kommen kann,
dass Sie eine gesunde „seelische Haut" entwickeln,
dass Sie sich auf ein stabiles „seelisches Skelett" stützen können,
dass Ihre „seelische Atmung" einen ausgeglichenen Rhythmus findet,
dass Sie wissen, welche „seelische Nahrung" Sie brauchen und wo Sie sie finden,
dass Sie die Vielfalt Ihrer seelischen Energien in sich als Einheit erkennen und akzeptieren,
dass Sie die Signale und Energien Ihrer Gefühle ernst nehmen und so mit ihnen umgehen, dass das wachsen kann, was Sie innerlich mit anderen Menschen verbindet,
dass Sie sich dazu gehörig wissen zum „Ganzen des Lebens" und sich selbst achten können und sich geachtet erleben in ihrem Anders-sein.

Anmerkungen

[1] Wahrgenommen werden und Zuwendung erfahren ist übrigens seelische Nahrung auch bei den höher entwickelten Tieren. Eine Hauskatze springt auf den Schreibtisch ihres Herrchens und legt sich auf die Akten, die gerade dessen größte Aufmerksamkeit beanspruchen und möchte wahrgenommen und gestreichelt werden. Auch mancher Landwirt, dessen Tiere nicht zu reinen Produktionsfaktoren geworden sind, weiß, wie sich seine Tiere in ihrem Verhalten ändern, wenn er sie regelmäßig anspricht und streichelt.

[2] Ausführlicher zu diesem Thema siehe im Kapitel „Sehnsuchtshand in der Kindheit", S. 59.

[3] „Ich helfe": diese und die folgenden Kurzcharakterisierungen sind dem Buch „Das Enneagramm" von R. Rohr und A. Ebert, München 1999, S. 241, entnommen.

[4] Fällt ein Elternteil durch Tod, durch lange Abwesenheit oder durch Verweigerung der Fürsorgepflicht aus, kann der andere Elternteil dieses Problem mit dem Kind bearbeiten. Siehe dazu das Kapitel „Befreiung von seelischen Belastungen" besonders die Punkte g) und h).

[5] Ausführlicher zum Thema „Psychodynamik und Glaube" in: M. Hanglberger, Signale des Unbewussten, Regensburg ²2000.

[6] Vielleicht ist dies auch die seelische Hauptursache für die weltweite ökologische Gefährdung: Menschen, die seelisch besetzt und in ihrer ganzheitlichen Wahrnehmung durch extremes Gehorsamdenken entmündigt sind, tun sich schwer, die Gefährdungen wahrzunehmen und ernst zu nehmen, die sie selbst verursachen.

[7] Bei einem stark belasteten Vaterbild seitens des Klienten kann die Verwendung des Gottesbegriffes, der in der christlich-abendländischen Glaubenstradition sehr patriarchalisch geprägt ist, eine seelisch blockierende Wirkung haben. Dies gilt insbesondere für Klientinnen, die in der Kindheit einen sexuellen Missbrauch erlebt haben. Deshalb frage ich in meiner therapeutischen Arbeit nach dem persönlichen Gottesbild des Klienten, bzw. der Klientin, wenn ich ein solches Ritual einzusetzen beabsichtige. Bei einer diesbezüglich negativen Voraussetzung versuche ich mit einer personalen Vorstellung der „Mutter Erde" zu arbeiten. Grundsätzlich betrachte ich das Bedürfnis wahrgenommen zu werden für die Geburt des Ich für sehr grundlegend. Deshalb halte ich in der therapeutischen Arbeit die Begegnung mit der personalen Dimension der umgebenden „Natur" (wörtlich „die Geburt") bzw. mit einem personal verstandenen transzendenten Gott für Menschen, die in ihrer Kindheit von ihren Eltern wenig ernst genommen und geachtet worden sind, für nicht unwesentlich. Ich gehe davon aus, dass solche Klienten diese Achtung, dieses Wahrgenommen-werden dabei bis ins Innerste ihres Wesens als religiös-spirituelle Erfahrung erleben können.
Zur Problematik des Gottesbildes empfehle ich das Buch „Gottestherapie" von L. Zellner, München 1995.

[8] Unter den inzwischen zahlreichen Büchern von und über Bert Hellinger seien hier besonders erwähnt: „Ordnungen der Liebe", B. Hellinger, Heidelberg, 3. Aufl., 1996; und „Schicksalsbindungen bei Krebs", B. Hellinger, Heidelberg, 1996.
Auch ich selbst arbeite seit ca. 10 Jahren mit Familien-Skulpturen und Familienaufstellungen. Viele Erkenntnisse bzw. Thesen dieses Buches sind das Ergebnis dieser Art therapeutischer Arbeit. Näheres dazu finden Sie im Internet: http://home.t-online.de/home/hanglberger.m